Susanna Kolbe

Am Ende ins Delirium

Geschichten aus dem Marburger Nachtleben

Wartberg Verlag

Bildnachweis

Fotos Dieter Mayer-Gürr: S. 22, 30, 50, 53, 54, 58, 60, 63; Privat: S. 7, 12, 13, 14, 20, 36, 56, 57, 59, 66; Archiv W. Richter: S. 18, 21, 22, 24, 25, 26, 28, 29, 32, 33, 45, 46, 48, 64, 78; Archiv R. Mohme: S. 37, 38, 39; Archiv Mithat Gürkan: S.72, 73; Archiv C. Herbert: S. 42, 43; Foto W. Grundmann: S. 75; Marburg gastronomische Annalen 1954/55, Gästebuch der Gaststätte Hannes, Stadtarchiv Marburg: S. 15, 16, 27, 50; Broschüre 150 Jahre Weidenhäuser Grabenfest 1960: S. 69, 70; Bildarchiv Foto Marburg: S. 9, 11, 71.

Quellennachweis

Das Vorwort enthält Zitate aus Sven Regener, Herr Lehmann (Eichborn, 2001), aus Andreas Maier, Neulich, in: Volltext 1/2021, aus Franz Dröge/Thomas Krämer-Badoni, Die Kneipe – Zur Soziologie einer Kulturform (Suhrkamp, 1987) und aus Katinka Buddenkotte (btb, 2014), im weiteren Text aus Hans-Günter Bickert, Norbert Nail, Das Wirtshaus an der Lahn (Rathaus Verlag Marburg, 2019).

Dank

Ganz herzlich möchte ich mich bedanken für die vielen Gespräche, Geschichten und zur Verfügung gestellten Materialien, die zu diesem Buch geführt haben.

Bei den ehemaligen Kneipenwirtinnen und -wirten Wolfgang Richter, Robert „Humphrey“ Mohme, Mithat Gürkan, Christiane Herbert, Annette Harst, Wolfgang Grundmann, Angela Schönemann und Wolfgang Schwalbe, aber ebenso bei Mick Schwarz, Elsbeth Reichert, Rosi Bode (die vor kurzem verstorben ist) und vielen anderen Freunden und Nachbarn.

1. Auflage 2023

Layout und Satz: Christiane Zay, Passau
Druck: Druck- und Verlagshaus Thiele & Schwarz GmbH, Kassel
Buchbinderische Verarbeitung: Buchbinderei S. R. Büge, Celle

34281 Gudensberg-Gleichen, Im Wiesental 1
Telefon: 0 56 03-9 30 50
www.wartberg-verlag.de
ISBN 978-3-8313-3408-7

Inhalt

Vorab ...

Dieses Buch ist kein Kneipenführer. Es will auch keine chronologische Geschichte der Marburger Kneipen erzählen, auch nicht umfassend alle Kneipen an einem bestimmten Zeitpunkt erfassen und darstellen – es erhebt also in keiner Weise Anspruch auf Vollständigkeit.

Es ist vielmehr eine höchst heterogene Zusammenstellung von Darstellungen und Geschichten. Es versammelt ganz persönliche Blicke auf und Erinnerungen an bestimmte Kneipen, besondere Begebenheiten, Stimmungen jener Zeiten; und dies aus ganz unterschiedlichen Perspektiven, die durchaus in einer Person auch mal wechseln können: Auch der Kneipenwirt und die Thekenmannschaft sind nicht ausschließlich hinterm Tresen oder mit Gläsern zwischen Tischen unterwegs, auch sie gingen und gehen gerne aus und werden zu Gästen und Kneipengängern.

Beim Blick in ein paar literarische Verarbeitungen des Kneipenlebens, wie z. B. das höchst unterhaltsame Buch „Betreutes Trinken" von Katinka Buddenkotte, erinnert man sich während des Lesens unweigerlich an die eigene, persönlich-biografische Kneipengeschichte, amüsiert, aber manchmal auch mit Grausen – egal aus welcher Perspektive. Die Kneipenmannschaft, das Publikum, die schrägen auftretenden Künstler hat man gefühlt auch selbst schon mal erlebt. Sven Regeners „Herr Lehmann" entführt uns zwar ins Berlin um 1990, dennoch gibt es Ähnlichkeiten mit Kneipen an anderen Orten, also universeller Art, und auch mit typisch (ex-)studentischen Kneipenbiografien, ganz wie in Marburg. Herr Lehmann ist ein abgebrochener Student der Germanistik, genau wie sein Chef, der Betreiber gleich mehrerer Kneipen ist. Zu seiner Tätigkeit in der Kneipe sagt er: „Aber was ist so schlimm daran, einfach nur hinterm Tresen zu stehen, und das auch noch gerne zu tun? ... Es ist gut und nützlich, in einer Kneipe zu arbeiten." Er liebt den Raum: „Es hatte etwas Beruhigendes, erfrischend Gewohntes, das kühle schattige Halbdunkel des ‚Einfach' zu betreten und den vertrauten Geruch von Zigaretten, Bier und Putzmitteln zu atmen."

Und nicht nur das: In der Kneipe zu arbeiten, eine Kneipe gar zu führen, so erfuhr ich, die nie am Zapfhahn gestanden hat, war auch in Marburg tatsächlich „in", „jeder wollte 'ne Kneipe haben", erzählt eine ehemalige Wirtin. Weit entfernt vom „Wer nichts wird, wird Wirt". Als Kneipenbetreiber war man eine begehrte Person, wurde auf Partys eingeladen, wo man sonst nicht hingekommen wäre. Man war eine bekannte Figur in der Stadt.

Je mehr Gespräche ich mit Menschen, die in Kneipen gearbeitet haben, führte, desto deutlicher wurde mir ihre Leidenschaft für dieses Metier, ihre Lust, mit Gästen zusammen zu sein, und für diesen besonderen Raum Kneipe. Kneipe und Leben, das gehört einfach zusammen. Auch wenn es nicht immer einfach ist.

Von der anderen Seite der Theke, mit dem Auge des passionierten Gastes, drückt der Schriftsteller Andreas Maier die Affinität seiner Hauptfigur zur Kneipe in seinem unsteten Leben aus: „Mit der Zeit (...) kristallisierte sich etwas heraus, was mich zunehmend in ein Gleichgewicht brachte und mir auch ein Versprechen auf die Zukunft gab, etwas, bei dem ich mich rundherum wohlfühlte, bei dem ich das soziale Umfeld stets gut ertragen konnte, das mir die Zeit vergleichsweise schwerelos machte, das mir jeden Tag das angenehm Gleiche bot, kurz: bei dem ich es dauerhaft aushalten konnte (...). Ich begann dieses Leben Tag für Tag zu reproduzieren, meine Schreiberei erlaubte das, ich konnte es mir leisten von der Zeit und vom Geld her. Ich rede von der Gastwirtschaft." „Überall kannte ich Menschen, und nirgends wurde irgendwer zu irgendwas verpflichtet, sollte eine Rolle spielen, war mit Sozialscharmützeln beschäftigt und versuchte irgendeinen Vorteil für sich herauszuziehen wie im sonstigen Leben. Das ist die Wirtschaft. Ein Leben ist sie. Ein ganzes. Keine Lasten wie in Freundschaften, keine Konkurrenz, und an Fasching ging es jedes Mal ab."

Verlässlichkeit des Geschehens und doch immer unverbindlich. Ganz wie in Marburg ...

Kleine Einführung: In Marburg geht man in die Kneipe ....

Kneipe, das ist ein fast schon etwas altmodischer Begriff. Als ich jung war, da ging man selbstverständlich in Kneipen, nicht in Bars, Clubs oder Bistros. Auch in Discos, aber da wurde ja getanzt, wenn auch nicht nur ... Kneipen, darunter verstehen manche auch nur die Eckkneipe, die Kiezkneipe mit hölzernem Gestühl, Holzpaneelen an der Wand. Wo es außer Bier und anderen Alkoholika praktisch nichts zu essen oder Besonderes zu erleben gibt.

In Studentenstädten wie hier in Marburg mischt sich das alles irgendwie, existiert vieles gleichzeitig. Manches wirkt verstaubt, manches schäbig, manches wird gerade wieder hip – „Vintage" könnte man es nennen. Die 1970er-Jahre sind noch allgegenwärtig, wenn man durch die Türen von einigen Kneipen tritt. Vielleicht hat sich der Wandschmuck ein bisschen verändert, gibt es die eine oder andere Kleinigkeit zu essen oder einen leckeren Cocktail. Und doch heißt es noch immer: „Lass uns in die Kneipe gehen."

Dass in Marburg noch viele Kneipen wie vorgestern aussehen, liegt sicher auch an den räumlichen Gegebenheiten am Berg, im Berg, auf mehreren Etagen, die Treppe hoch oder den steilen Abgang hinunter. Da ist es meistens nicht sonderlich hell, es gibt wenig Sonnenlicht durch kleine Fenster, manche gar noch bleiverglast, die Decken in den alten Fachwerkhäusern sind niedrig, die Gewölbe dunkel und feucht.

Vom Wortsinn leitet sich „Kneipe", da sind sich offenbar die meisten einig, von der „Kneipschenke", vom Hauptmerkmal des Ausschankes, und vom „Kneipen" als Begriff für zusammendrücken oder kneifen ab, was die Enge in besagtem Raum beschreibt. Hier gibt's was zu trinken, und das auf beschränktem Raum.

Während sich die Volkskunde/Ethnologie für Sitten, Bräuche und Rituale des Trinkens interessiert, den „Alkohol im Volksleben", untersuchen in einer zwar älteren, aber interessanten einschlägigen Studie von 1987 die Soziologen Dröge und Krämer-Badoni den Kneipenraum. Dessen zentrales soziales Moment sehen sie in den „überschaubaren, nachvollziehbaren Kommunikationsstrukturen zur Stabilisierung der Identität". Natürlich ist ein wesentlicher Zweck des Kneipenbesuchs das gemeinsame Trinken, doch eben mit dem Schwerpunkt auf dem Gemeinsamen: die zugegeben – alkoholzentrierte – Geselligkeit.

Die Kneipe ist also weit mehr als Durchlaufstation für den Bier- oder Weinkonsum. Soziale Bedürfnisse nach Kontakt und zwischenmenschlichen Beziehungen sind Gründe, um in die Kneipe zu gehen. Jeder ist hier Subjekt, aktiv und teilnehmend, und auch der stille Gast an der Theke gehört zum Kneipenensemble. Beim Trinken, Reden, Spielen, Politisieren, jahrhundertelang auch Rauchen, beziehen sich irgendwie alle aufeinander und orientieren sich mehr oder weniger aneinander, abhängig von der Stellung im Raum, Theke oder Gastraum. Kontinuität, was Gäste und Personal angeht, spielt dabei eine bedeutende Rolle. Man kennt sich oder wenigstens einen Teil. Zentral ist natürlich die Rolle des Wirts, der sein Stammpublikum kennt. Auch wenn Abend für Abend dasselbe los ist, „nämlich so gut wie nichts, wie Fremde das Einerlei aus Gerede und Getrinke wohl empfinden, stellt das Kneipenleben für seine Teilnehmer etwas Wichtiges und Faszinierendes dar; es macht den Alltag abwechslungsreich und lebendig". So gelesen in einem Spiegel-Artikel von 1987 mit dem Titel „Wie zu Hause".

Ob man sich mit der jugendlichen Clique, dem Freundeskreis, der Nachbarschaft zusammensetzt, den wöchentlichen Stammtisch nicht verpassen will, ob man aus Gründen der Einsamkeit das Haus verlässt oder weil man auf der Suche nach einem Partner ist, der Drang zur Kneipe hin hängt auch von der Lebensphase ab. So manche Menschen (nicht nur) meiner Generation haben ihre Lebenspartnerin oder ihren Lebenspartner in der Kneipe kennengelernt. Erste zarte Bande wurden hier

Marburger Marktplatz.

geknüpft und gefestigt – manchmal nur kurz, für eine Nacht. Während der Schulzeit traf man sich in der Gruppe nach dem Sport am Nachmittag, zum Fußballgucken mit den ersten Bieren, fand sich zusammen, um weiterzuziehen, wo die Musik vielleicht besser war oder die Gäste spektakulärer, um spät nach der Disco am Ende noch einen Absacker zu nehmen. Der Abend fing in der Kneipe an und endete auch dort.

1994 gab es noch 70 000 als Schankwirtschaften verzeichnete Kneipen, zwischen 2001 und 2010 schloss jede vierte Kneipe, 2018 waren es nur noch klägliche 30 000 in Deutschland und nach Corona geht das Sterben weiter. Junge Leute trinken heute auch gern im Freien, auf Wiesen, an Ufern, im Gehen ein „Wegbier", oder sie treffen sich in Clubs und vor dem Späti. Auch in Marburg gehen viele junge Leute ans Ufer der Lahn oder hocken in Parks und auf der Wasserscheide, um zusammen zu sein und zu trinken.

Immerhin zählte die Statistik 2019 allein in der Marburger Oberstadt und der angrenzenden Ketzerbach die stolze Anzahl von 52 „gastronomischen Betrieben", zu denen allerdings auch die Gaststätten und Cafés gezählt wurden. Diese besondere Kneipendichte scheint viele Studierende nach Marburg zu locken. Das liest man auf vielen studentischen Websites und in immer wiederkehrenden Artikeln, auch in der lokalen Presse. Auch nach Corona ist die Vielzahl Marburger Kneipen nicht verschwunden, wenn die Pandemie auch manchen Gastwirten arg zugesetzt hat. Das Durchhalten erforderte kreatives Umdenken, was nicht bei allen geholfen hat. Die harten Lockdowns haben für manche Kneipenwirte das Aus bedeutet. Auch in Marburg. Das letzte Bier in der vertrauten Umgebung hat zugleich den Kneipengängern schwer zugesetzt. Wenn eine Kneipe jahrzehntelang Wohnzimmer und Zuhause war und plötzlich nicht mehr da ist, kann das manch einen aus der Bahn werfen.

10 000 Kneipen sollen in Deutschland geschlossen haben. Das wurde gerade besonders durch eine aktuelle Studie in NRW untermauert, wo ein Fünftel der Gaststätten aufgeben mussten. Das ist umso tragischer, weil man derzeit wahrnehmen kann, wie sehnsüchtig die Menschen geworden sind, endlich wieder unter Menschen zu gehen, ohne über mögliche Krankheitsfolgen nachzudenken. Man spürt allerorten dieses Bedürfnis, auch bei anderen kulturellen Veranstaltungen.

In der Kneipe um die Ecke, im Stadtviertel oder in der Stammkneipe findet sich inzwischen eine viel größere Menschenmenge ein, gefühlt noch heterogener als zuvor. Wer das jetzt wieder erlebt, kann die Situation noch viel mehr genießen. Ein Glück, dass es solche Kneipen noch gibt. In manchem Kiez haben wir Marburger Glück gehabt und freuen uns über die bunte Vielfalt ganz unterschiedlicher Menschen aller Altersstufen, aller sozialen Herkünfte, vieler Interessen, die – so ist das eben – auch nicht immer einer Meinung sind und trotzdem ganz tolerant miteinander umgehen. Die meisten Marburger Kneipentüren sind wieder offen.

Es steht (k)ein Wirtshaus an der Lahn – Historische Gaststätten in Marburg

Über einige Marburger Wirtshäuser ist die Zeit gegangen, aus unterschiedlichen Gründen: Verfall und Abriss, das allgemeine Kneipensterben in den Vororten und dörflichen Randlagen, fehlende Nachfolge, neue Ansprüche, schlechtes Wirtschaften. An ein paar von ihnen soll hier erinnert werden.

Es gibt durchaus noch andere Gasthäuser entlang der Lahn, die sich den legendären Namen angeheftet haben. Ist es das Wirtshaus, das in dem Lied „Es steht ein Wirtshaus an der Lahn“ so vielfältig besungen wird, das mit der Wirtin? Es ranken sich einige Geschichten um das Haus, häufig in Liedform, manche derb bis schlüpfrig. Der Ruf der Stätte ist nicht der beste, die Wirtin scheint - in den Überlieferungen - eine lockere Person gewesen zu sein. Nicht zuletzt zweifelhafte Filmkomödien der 1960er-Jahre trugen zum schlechten Image des Hauses bei. Eine erotische deutsche Komödie soll einer der erfolgreichsten Filme 1968 gewesen sein.

Gleichwohl ist das Marburger Gasthaus verschwunden. 1970 musste es einem damals modernen Wohnhaus weichen, einem der we-

Gasthaus „Zum Schützenpfuhl“ vor dem Abriss.

nigen in Marburg vorhandenen Hochhäuser, im Volksmund „Affenfelsen" genannt, wohl wegen der terrassenförmigen Anlage. Es befindet sich wie seinerzeit das Gasthaus heute am Eingang der Stadt aus Richtung Süden.

Bevor es Gasthaus wurde, diente das Haus wahrscheinlich als eine Art Hospiz für Reisende am ost-westlichen Wegekreuz vor der Stadt, am Übergang über den Fluss, an der Furt oder der späteren Brücke. Die Bezeichnung „Sorge" hat sich für den Vorgängerbau überliefert. Schon im 16. Jahrhundert muss es ein Gasthof gewesen sein, mit Wirtschaftsgebäuden, wo Fuhrleute und Kaufleute rasteten. Hier konnte man essen, trinken, übernachten, die Pferde an- und abspannen sowie versorgen.

In historisch unruhigen Zeiten beherbergte das Gasthaus neue Gäste: Soldaten. Als Marburg im Siebenjährigen Krieg Etappenort der französischen Truppen wurde, lagerte um 1758 ein Reiterregiment im Garten des Schützenpfuhls. Später zogen Napoleons Soldaten durch die Stadt und bedienten sich des Wirtshauses als Raststätte. Auch die einheimischen Marburger Jäger kamen. Zwischenzeitlich diente es als Sommerhaus eines geheimen Kriegsrates. Als dieser verstorben war, verkaufte es die Witwe an einen Wirt, der Bier und Branntwein ausschenkte.

Aus dieser Zeit stammt wohl der üble Ruf der Wirtschaft „Zum Schützenpfuhl", wie es nun hieß: Man befürchtete den schlechten Einfluss auf die Studenten, die wie auch Professoren hier ein und aus gingen, durch „liederliches Weibsvolk". Die Studenten würden zu „bößem Leben verführet", es gebe Exzesse, Streit, Unfug an den Stadttoren und natürlich Lärm. Anstand und Moral seien gefährdet. Der Universitätsleitung war das Haus ein Dorn im Auge, und so versuchten die führenden Professoren in mehreren Anläufen, dem Wirtshaus die Konzession zu entziehen bzw. gar nicht erst zu erteilen. Die Schenke sei der hiesigen Universität nicht „fürträglich", sie sei gar „zu einem Bordell ausgeschlagen". Man sorgte sich um den schlechten Lebenswandel der Studenten, ja um den Ruf der ganzen Lehranstalt. Die Anzeigen verhallten jedoch. Man könne nicht alle „liederlichen Örter" verhindern oder verbieten, befand die Obrigkeit, auch wenn man im 18. Jahrhundert intensiv versuchte, die Studenten zu kontrollieren und zu disziplinieren, nicht zuletzt mit der Karzerstrafe.

Anfang des 19. Jahrhunderts zogen einige studentische Verbindungen durch die Stadt und fanden zum Zechen, Feiern, Kneipen verschiedene Gasthäuser, darunter auch den Schützenpfuhl. Die Liedverse von der Frau Wirtin entstanden in der Mitte des 19. Jahrhunderts. Vielleicht hatte auch der spätere Dichter Franz Dingelstedt, gebürtig im nahe gelegenen Halsdorf, der als Student gerne im Schützenpfuhl einkehrte, seine künstlerischen Finger mit im Spiel. Seine Verbindung, die Schaumburgia, traf sich hier zum Trinken und Dingelstedt galt als fröhlicher Zecher.

Das populäre Lied wurde jedenfalls gerne in Studentenkreisen, vor allem von Verbindungsstudenten, als Kommerslied gesungen. Sie waren es wohl auch, die die erotischen, zotigen Strophen dazu gedichtet haben. „Frau Wirtin sitzt am Ofen, die Fuhrleut um den Tisch herum, die Gäste sind besoffen, ..." ist eine eher harmlose Textversion, die schlicht den Kneipenalltag beschreibt.

Bopps Terrassen und ihre Nachfolger

„Wer in diese Halle tritt, bringe Durst und Freude mit“ - es ist schon eine Weile her, dass man sie lesen konnte, die heiteren Wandsprüche in der früheren „Boppbierhalle“. Auch das Gemäuer drum herum existiert nicht mehr, ist als eines der zum Glück wenigen Gebäude der Oberstadt der Abrissbirne zum Opfer gefallen. Es hätte auch ganz anders kommen können, dann wären viele der Fachwerkhäuser und damit zahlreiche weitere Gasthäuser verschwunden. Den „Ritter am Markt“ und Bopps Bierhalle hat es in den 1960er-Jahren getroffen, da man sie für einsturzgefährdet hielt und - so eine Planungsgruppe - mit ihnen am liebsten den größten Teil der Altstadt dem Erdboden gleichgemacht hätte.

„Und eh ich einst verblasse, noch einmal Bopps Terrasse“, das scheint für viele Studenten der früheren Generationen Motto gewesen zu sein - und 1965 dann auch nötig, auch wenn später immer wieder der Geschmack und die Qualität dieses lokalen Bieres, eben der Brauerei Bopp, angezweifelt wurde. Es sei doch eher dünn, das Boppbier.

Aber der Ort war entscheidend, denn Bopps Terrassen hatten einen herrlichen Ausblick über das Lahntal und waren ein beliebter Ort zum Trinken und Feiern, nicht nur für Verbindungsstudenten. Unter anderen trafen sich hier ab 1900 die Palaten, die katholische Studentenverbindung Palatia, die erst ab 1920 in ein eigenes Verbindungsheim mit Kneipsaal umziehen konnte, jede Woche zum „Bierhock“. Auch viele Vereine hatten hier ihr Stammlokal. Der Marburger Fußballclub, der sich später Verein für Bewegungsspiele (VfB) nannte, gründete sich hier 1905 oder kleine Clubs wie der Verein für Deutsche Schäferhunde, dem auch der Brauereibesitzer angehörte. Aus dem Rahmen fällt ein literarischer Zirkel, den der spätere Lyriker und Büchner-Preisträger Ernst Meister ins Leben gerufen hatte. Dabei handelte es sich um einen kleinen Kreis engagierter Studenten, die in den frühen 1930er-Jahren die „Marburger Flugblätter“, eine Literaturzeitschrift, herausbrachte und täglich nach dem Besuch der Mensa hier zur ausgiebigen Redaktionssitzung zusammenkam.

Die Boppbierhalle 1927.

Das „Alte Brauhaus" als Postkartenmotiv.

Die Umbenennung der Brauerei Bopp in Marburger Spezialitätenbrauerei hat auf Dauer nicht geholfen, sie ging in den 2000er-Jahren in die Insolvenz, obwohl das trübe Marburger Kräusenpils am Ende dann doch viele Freunde gefunden hatte – darum war's irgendwie schade. Inzwischen sind auch die Brauereigebäude aus dem Ende des 19. Jahrhundert abgerissen. 2009 gab es auf dem Gelände noch mal eine große Feier, illegal, mit Tanz und Techno, ein Abgesang auf das Marburger Bier.

Doch immerhin, der Familienbetrieb bestand seit dem 17. Jahrhundert. Die als Gebäude noch existierende Gaststätte „Altes Brauhaus", das Stammhaus, wohl ehemals Wohnhaus, neben der alten, lange abgerissenen Brauerei gleich unterhalb der Alten Universität, ist eines der letzten Zeugnisse davon. Doch leider sind dessen Bemühungen in den letzten Jahrzehnten nicht von Erfolg gekrönt. Das Gasthaus hat seit langem kein Glück mit den Konzepten seiner Betreiber. Selbst Restauranttester Christian Rach hat Anfang der 2000er-Jahre im Fernsehen alles gegeben, als die Wirte der Traditionsgaststätte verzweifelt um Hilfe riefen. Seine Vorschläge zu Verbesserungen wie die Verbannung von allzu viel Nippes und kleinteiliger Deko im Gastraum und die Verschlankung der Speisekarte haben auf Dauer nicht geholfen. Sie zogen an einen anderen Ort. Auch die Nachfolger wurden nicht mit guten Geschäften belohnt: Weder das Angebot einer enormen Schnitzelvielfalt noch eine stadtbekannte Kneipenbesatzung mit umfassender Crossover-Küche konnten das Brauhaus zu neuem Leben erwecken. Ob das auf Dauer eine Spielhalle mit Shisha-Lounge vermag?

Was heute wieder belebt und sehr beliebt ist, ist ein anderer Gebäudeteil der alten Brauerei: Das „Q" ist eine Mischung aus Café, Bistro, Club und Veranstaltungsort mit viel Live-Musik. Die Betreiber, die auch die Alte Mensa am Berg darüber wiederbelebt hatten, haben keine Mühen gescheut, die alte Kesselhalle und Mälzerei der Brauerei auszubauen und modern umzugestalten. Sogar die alten Eiskeller, wo einst die aus der Lahn gehauenen Eisbrocken gelagert wurden, wurden begehbar gemacht, auf Nachfrage und z. B. am Tag des offenen Denkmals sind sie zu besichtigen.

„Käsebrod" im „Hannes"

„Was zieht den Jüngling und den Mann, in Marburgs alte Gassen? Warum mag, wer hier wohnen kann, die Stadt nicht mehr verlassen? Warum erträgt er alle Not, mit lachender Gebärde? In Marburg strahlt das Käsebrod! – Sonst nirgends auf der Erde." So heißt es im Festlied zum 20. Stiftungsfest im Jahr 1927.

Der „Hannes" war eine der zahlreichen Kneipen in der Weidenhäuser Vorstadt und ist ohne den prominenten Stammtisch „Käsebrod" kaum zu denken – doch das Käsebrod ohne „Hannes" ebenso wenig. Zum Käsebrod gehörten in den 1920er-Jahren so bekannte Kunstmaler wie Karl Bantzer, Heinrich Giebel, Hermann Kätelhön und Wilhelm Thielmann ebenso wie der Kurator Ernst von Hülsen, ein Professor Fabricius und andere Honoratioren. „Wer rechte Freude sucht in unserer Mitte, dem wird das Käsebrod zur Kaviarschnitte" war der Wahlspruch der munteren Truppe. Seine Mitglieder rühmten sich eines freien gemütlichen Tons und beteuerten in ihren Grundsätzen, keine Politik und keinen Stadtklatsch zu betreiben – im besten Einvernehmen mit den Weidenhäusern und anderen Marburger Kneipengästen. Da ging es oft auch eher rustikal zu: So soll es vorgekommen sein, dass einer der Herren sich nicht vom Platz bewegen wollte und kurzerhand am unter dem Tisch platzierten Spazierstock hinab Wasser gelassen haben soll.

Jubiläumspostkarte des Käsebrod-Stammtisches.

Gaststätte „Hannes“ mit Nebengebäuden.

Erster Treffpunkt der Weidenhäuser Notabeln und einiger Prominenter war zuvor die Wirtschaft „Missomelius“, genannt „Misso“, gewesen - Gaststätte der gleichnamigen Brauerei Missomelius in der hinteren Weidenhäuser Straße. Den „Hannes“ mied man zunächst, weil er ein paar Studenten zu später Stunde mal das Bier verweigert hatte. Ab 1906 wird er aber zum Stammlokal der Runde, die wegen eines durchgebogenen Tisches, der wie ein in der Sonne getrocknetes Käsebrot ausgesehen haben soll, ihren Namen bekam.

Das Käsebrod sang mit Inbrunst Loblieder auf Weidenhausen und seine beiden Schankstätten. Es hielt seine Weihnachtskneipe im Saal ab in ausgefallenen Kostümen: Ältere Herren erschienen in Engelsgewändern, Weihnachtslieder auf dem Kamm blasend - eine illustre und irgendwie auch selbstironische Gesellschaft, die wie viele studentische Verbindungen auch Fasspartien zur Weintrautseiche und Schäferbuche zelebrierte.

Aber es gab auch andere Gäste als die Herren Professoren und Künstler, die sich viele Jahre hier trafen. Beim „Hannes“ in Weidenhausen, in der Gastwirtschaft des Johannes Höfner, seines Zeichens Brauer, der der Kneipe den Namen gab, verkehrten Menschen, vor allem männliche, aus allen Kreisen: Handwerker, Kaufleute, Studenten. 1876 wurde gar ein Kesselhaus neben die Kneipe in der Enge der Weidenhäuser Straße errichtet. Die Gäste blieben weiterhin bunt gemischt, als Nachfolger Georg Reith um 1900 das Geschäft mit seiner Frau weiterführte. Ein zeitgenössischer Zeitungsartikel beschreibt den Hannes so: „Hier trinkt der Handwerker wie der Kaufmann seinen Schoppen, hier kneipt der fröhliche Student, wenn er noch Geld hat, und spielt seinen Doppelkopf."

Wie in anderen Gaststätten hatten in den frühen Jahren auch Verbindungen hier ihren Treffpunkt zum mehr oder weniger rituellen Trinken, bevor sie sich in den Räumen ihrer Verbindungshäuser ihre eigene Kneipe schafften. Das waren im „Hannes" z. B. die Arminen, aber auch andere Burschenschaftler. Dass in den 1930er-Jahren auch Nazis hier zu Gast waren, bezeugt das Gästebuch mit eindeutigen Sprüchen, Symbolen und Zeichnungen. Angeblich war auch der Marburger Oberbürgermeister vom 1934 bis 1939, Dr. Ernst Scheller, Stammgast im „Hannes" und Teil des Käsebrods. Hinter der Wirtschaft konnte man auch auf der Terrasse zechen, gleich neben der – allerdings wohl besonders holprigen – Kegelbahn.

Bis in die 1950er-Jahre führte Heinz Thiele den Laden. Ein letzter Teil des „Hannes" existierte in den 1960er- und 1970er-Jahren weiter als Nebenraum des Café Roma, wo man Billard spielen konnte.

Zeichnung im Gästebuch des „Hannes".

Saalschlacht am Bachweg

Am Rande der Stadt hatte auch das Dorf Ockershausen eine ordentliche Kneipendichte aufzuweisen. Die junge Witwe Ruppersberg hatte schon im frühen 19. Jahrhundert eine Schankgenehmigung für Fruchtbranntwein bekommen. Mitte des Jahrhunderts fand hier eine außergewöhnliche Veranstaltung statt: Im Fall Ludwig Hilberg, der danach wegen Mordes an der jungen Dorothea Wiegand verurteilt und als Letzter an der Marburger Richtstätte hingerichtet wurde, wurden in der Gaststätte die umfangreichen Zeugenvernehmungen durchgeführt. An anderer Stelle hatte man keinen Platz gefunden.

Ende des Jahrhunderts wurde die Gaststätte „Ruppersberg" um einen Saalbau erweitert, ein Saal, wie alle diese Säle auf den hessischen Dörfern aussehen, im ersten Stock gelegen. Hier wurde getanzt, Vereine und

Saalbau der Gaststätte „Ruppersberg".

Parteien hielten ihren Frühschoppen ab, und Marburger Corpsstudenten schlugen ihre Mensuren. Ab 1910 war das Gasthaus als Ausflugslokal äußerst beliebt, weil auch im Garten ausgeschenkt wurde.

Besondere Bedeutung erhielt die Gaststätte am Bachweg im Februar 1931 wegen eines Ereignisses, das als „Saalschlacht von Ockershausen" in die Geschichte eingegangen ist. Im Bericht eines ehemaligen SA-Mannes und späteren SS-Sturmbannführers sind die dramatischen Ereignisse festgehalten worden. Aber wie war es dazu gekommen? Die NSDAP hatte sich entschlossen, ihren Einflussbereich auf das „rote Nest" Ockershausen auszudehnen, das ihnen schon länger ein Dorn im Auge war. Die Versammlung war auf acht Uhr festgesetzt, aber der Saal im ersten Stock war weit vorher komplett überfüllt. Es sollen 48 SA-Männer dort gewesen sein, im Saal saßen aber schon mehr als 300 Gäste. Die „Roten" hatten sich Verstärkung aus der Region geholt. Die Nazis saßen in der Falle. Ihr Redner wurde ausgebuht und unterbrochen.

In einem kurzen ruhigen Moment schlug die SA wie aus heiterem Himmel plötzlich los, befahl den Saal zu räumen, zertrümmerte das Mobiliar und ging wahllos prügelnd auf die Menge los, die über Treppen und Fenster zu fliehen versuchte - ein großer Tumult entstand. Im erwähnten Bericht wird das folgendermaßen beschrieben: „Ein einziges Brüllen von Schreck und Wut, dann geht Trupp Marburg vor mit ‚ruhig festem Schritt', dann „ein einziges Chaos von splitterndem Holz, von berstenden Scheiben, ... ein einziger brüllender Akkord von Schreien ..."

Zwei Polizisten in Zivil sollen im Saal gewesen sein, mehr als 20 Uniformierte standen vor der Gaststätte und nahmen die geflüchteten Versammlungsgäste in Empfang, oft noch mal mit Knüppelschlägen. Immerhin konnten sie die Fortsetzung der blutigen Saalschlacht verhindern. Die Menschenmenge vor der Tür, auch Dorfbewohner waren dazugekommen, zeigte sich empört und wollte, zum Teil gar mit Mistgabeln bewaffnet, mit der SA abrechnen, deren Männer die Letzten im Saal waren. Die Polizei geleitete sie unter dem heftigen Protest und Steinwürfen der Gegendemonstranten, die den Zug begleiteten, in die Stadt zurück. Sieben Personen seien auf diesem Rückzug verletzt worden, heiß es. Die im Saal verprügelten wurden nicht gezählt ...

Im Herbst 1931 fand ein großer Prozess gegen 20 Personen statt, die angeblich die Nationalsozialisten tätlich angegriffen hätten: Sieben Angeklagte wurden zu Gefängnisstrafen verurteilt. Die NSDAP wertete das Ereignis als großen Erfolg für sich, stilisierte die Protagonisten zu Helden: „Die Roten werden in die Flucht geschlagen, die SA leckt sich stolz die Wunden ..." Ein Jahr später, bei der Reichstagswahl, ist auch in Ockershausen die Zahl der NSDAP-Anhänger gestiegen, SPD und KPD verlieren. Heute gilt der Stadtteil wieder als SPD-Hochburg.

Nach dem Krieg trafen sich die Kameraden des örtlichen Schützenvereins oder auch die Taubenzüchter in der Gaststätte „Ruppersberg". Es gab legendäre Veranstaltungen mit Musikkapellen, Kleinkünstlern und Feiern mit tollen Auftritten einheimischer Künstler. Von der Gaststätte ist heute nichts mehr zu sehen, sie wurde 1984 abgerissen.

Viel Geschichte in der „Alten Post“

Heute findet sich von einem Gasthaus keine Spur mehr, obwohl noch lange Zeit ein Schriftzug das vermuten ließ. Hier befand sich schon im 14. Jahrhundert der Bierausschank des Deutschen Ordens. Die Herren des Deutschen Ordens sollen hier mit den Honoratioren der Stadt beim Wein zusammengesessen haben, denn ab 1577 stand an dieser Stelle das städtische Gasthaus „Zum blauen Löwen“ mit dem städtischen Weinkeller. Im 18. und frühen 19. Jahrhundert war das Gasthaus, zunächst geführt von Gastwirt Matthäi, viel frequentierte Unterkunft feiner Herrschaften, die die Stadt besuchten.

Mitte bis Ende des 19. Jahrhunderts hatte hier die Marburger Post ihren Sitz – Familie Eucker führte den Betrieb. Dort, wo vorher und später wieder die Hotelgäste empfangen wurden, fuhren nun Postkutschen ein und im Zwischenstock wurde die Post sortiert, die Säcke gefüllt. Als die Post 1891 in das neue Gebäude in der Bahnhofstraße umgezogen war, wurde der Raum wieder frei für eine neue Gastwirtschaft. Der „Blaue Löwe“ wurde zur „Alten Post“, einem Gasthaus, das gerne von Studenten besucht wurde, vornehmlich Verbindungsstudenten, und zugleich bei Marburger Bürgern beliebt war. Der neue Eigentümer hatte ab den 1920er-Jahren schon seine Erfahrungen mit den Korporierten, denn er hatte das Verbindungshaus der Hessen-Preußen bewirtschaftet. Die vertrauten Gäste waren fröhlich und laut, was die Nachbarn der Umgebung nicht immer gern hörten. Direkt nach dem Zweiten Weltkrieg hatten sich die Amerikaner hier ein-

Die Postkarte der „Alten Post“ wirbt mit hohen Herrschaften und feuchtfröhlichem Studentenleben.

quartiert, und viele Flüchtlinge fanden im Anschluss eine erste Unterkunft.

Als die Wirtsfamilie ihr 25-jähriges Jubiläum feierte, war das Gästebuch aber auch mit Namen prominenter Gäste gut gefüllt: Ob Theodor Heuss, Vico Torriani oder Peter Frankenfeld, alle haben sie in der „Alten Post" gespeist und genächtigt und sicher vorher einen guten Schoppen genommen.

Als Gastwirtschaft bestand die Alte Post noch bis in die 1980er-Jahre. Ein Brand machte das Gebäude zur Ruine, die gleichwohl hätte saniert werden können. Doch es folgten die Insolvenz, Leerstand, Verkauf und schließlich der Abriss. Lange Jahre war sie Stammkneipe für viele Vereine, Skatrunden und die Marburger Boxer gewesen. Für viele junge Leute war in den 1960er- und 1970er-Jahren der „Postkeller" interessanter, gleich nebenan bzw. darunter wie so oft in der Stadt am Berg gelegen. Der „Postkeller" war ein Sandsteingewölbe aus der Zeit des Deutschen Ordens. Hier ging man hin, die Treppen hinunter, wenn man tanzen wollte, oder auch nur auf ein Bier. Man saß gemütlich in kleinen, schummrigen Nischen. Die Tanzwütigen bewegten sich exzessiv und meistens allein, obwohl viele ihren Partner dabeihatten, zur angesagten Discomusik von Band oder Platte.

Manche jungen Frauen, ob mit oder ohne Freund, gingen zwei-, manchmal dreimal die Woche zum Tanzen, was in der Marburger Innenstadt an vielen Stellen möglich war. Im Umkreis des „Postkellers" waren ja noch das „Charlies" in Zwischenhausen und in der Elisabethstraße gleich zwei Lokalitäten: neben dem „Tiffany" noch die „Tangente" gleich gegenüber, die trotz geringer Größe eine Tanzfläche mit Discokugel aufzuweisen hatte. Es war die Zeit von Saturday Night Fever und Flash Dance, und viele Mädchen machten sich zum Ausgehen richtig schick, führten ihre Blusen und Blazer mit Schulterpolster aus und schüttelten ihre luftgetrocknete Dauerwelle. Die noch nicht ganz volljährigen „Weidenhäuser Sprossen", die auch mal was erleben wollten, gingen in großer Gruppe in den „Postkeller". Es kam vor, dass einer der Väter dann mal nach dem Rechten schaute, wo sich das Töchterchen denn so aufhielt. Er trug meistens seinen coolen Trenchcoat und war ihr gar nicht so peinlich.

Der „Postkeller" warb schon in den 1960er-Jahren damit, „einer der schönsten Studentenkeller" zu sein und den „Rahmen für einen vergnüglichen studentischen Feierabend" oder auch „gepflegtes Nichtstun" zu bieten. Wer in den frühen 1960er-Jahren hier ein Bier bestellte, konnte auf einen studentischen Barkeeper hinter der Theke treffen, der später berühmt geworden ist: Aus dem damaligen Germanistikstudenten Hans W. Geißendörfer wurde der Regisseur der „Lindenstraße" und anderer Filme. Die ausgiebigen nächtlichen Gespräche, geschützt hinter dem Tresen, waren ganz nach seinem Geschmack und boten vielleicht schon Material für seine Filme. Ganz ungefährlich war der „Postkeller" (im damaligen Bermudadreieck des unteren Steinwegs gelegen) allerdings nicht: Nicht selten wurden die Gäste vor der Tür Zeugen von Prügeleien, was niemanden abhielt, den nächsten Mittwoch, Freitag oder Samstag wiederzukommen ..., bis zum traurigen Ende, als der Keller mit Beton verfüllt und am Ende das gesamte Gebäude abgerissen wurde.

Studentenkneipen

Die meisten „Studentenkneipen" der 1970er-Jahre waren vorher ganz traditionelle, biedere Gaststätten (mit oder ohne Speisenangebot). In den alten Fachwerkhäusern Marburgs verkehrten schon viele Jahrzehnte neben den Bürgern, die hier ihren Schoppen tranken, auch Burschenschaftler. Zur Abgrenzung: Der Begriff „Studentische Kneipe" meint den ritualisierten Ablauf des Trinkens in (burschenschaftlicher) Gemeinschaft, was, seitdem die Verbindungen ihre eigenen Häuser und Räume haben, in aller Ausführlichkeit dort geschieht.

Unter die heterogene und doch eher konservative Gästeschaft der 1960er-Jahre mischte sich in Marburg in den späten Jahren des Jahrzehnts eine neue, etwas andere Klientel: die linken und alternativen Studenten.

Wie auch in anderen Städten verwandelten junge Wirte die altgedienten Gaststätten in Treffpunkte für die meist studentischen Gruppen und unterschiedlichen Szenen.

Marburg hat keine Universität, sondern ist eine, so heißt es. Die Stadt lebt von und mit ihren Studenten – so auch die Kneipen. Schon Ende des 19. Jahrhunderts stellte der Vater eines prominenten Chemiestudenten, Otto Hahn, fest: „Mein Sohn ist in Marburg und trinkt Bier." Was dieser wohl ausgiebig tat. Die eher kleine Stadt mit langer Universitätstradition lebt von ständiger Bewegung, die Fluktuation der Studierenden hält sie jung und offen – eine alte Stadt mit jungem Geist. Das sind nicht nur die „linken" Studenten, die zusammen mit einigen Professoren in den 1960er- und

Studentisches Kneipenleben vor hundert Jahren, festgehalten auf einer Postkarte.

Der Flyer informiert über die Veranstaltungsorte der 2. Sozialistischen Konferenz in Marburg.

Where to go in Marburg, ein Flyer informiert.

1970er-Jahren den Ruf des „roten“ Marburg begründeten. Es sind die verschiedenen Gruppen, die das städtische Leben bereichern, ob Grüne, Marxisten, Autonome, Konservative, auch rechte Burschenschaften. Sie alle sind für gewöhnlich nur vorübergehend hier, verabschieden sich mit dem Examen, während junge Erstsemester ihren Platz einnehmen und neues Leben und Jugendlichkeit in die Stadt und die Kneipen bringen. Vor allem die Oberstadt ist voll von solchen typischen Studentenkneipen, bis heute.

Tief im Keller: Der „Hinkelstein“

Eine dieser für Marburg typischen Kneipen ist in einem der ältesten Häuser der Stadt beheimatet, und zwar im Steinernen Haus am oberen Marktplatz, heute ein beliebter Ort, an dem sich Paare das Jawort geben.

Im Keller des Steinernen Hauses, wo angeblich schon vor Jahrhunderten ausgiebig gefeiert wurde, befand sich in den 1950er-Jahren ein Wein- und Schnapsdepot. Bei „Zeisse“ gab es „kellergepflegte Weine, feine Liköre und reine Schnäpse“, auch im Ausschank. Eine äußerst steile Treppe führte in einen für Marburger Verhältnisse hohen Gewölberaum, den man als Gast auch wieder über diese verlassen musste.

Eine Gruppe junger Münsteraner, die sich Walnuss AG nannte, entdeckte 1974 das Gewölbe quasi wieder und erweckte es zu neuem Leben. Zur Eröffnung der Kneipe liefen sie als Werbegag durch die Wettergasse, mit dem gewaltigen Hinkelstein auf dem Rücken. Und sie

An der Theke im „Hinkelstein".

Auf dem Flyer wirbt der „Hinkelstein" u. a. für seine legendäre Altbierbowle.

hatten etwas Neues für Marburg mit im Gepäck: ein ungewöhnliches, bis heute aber beliebtes Getränk: die Altbierbowle. Das Original wurde mit frischem Obst (waren es Erdbeeren oder etwa Pfirsiche, am Ende aus der Dose?) angesetzt, mit Schnaps und Sprudelwasser ergänzt und mit hellem (!) Münsterländer Altbier aufgefüllt. Den Münsteraner Wirten war irgendwann der Weg nach Marburg zu umständlich, sodass sie die Pacht an den nächsten weitergaben.

Eingang zum Keller des Steinernen Hauses.

Der Hausbesitzer hatte das ganze Haus, das mit seinen 600 Jahren ein bedeutsames für die Stadt ist und nun auch das Standesamt beherbergte, sanieren lassen und Wolfgang Richter, von dem noch die Rede sein wird, konnte ab 1977 die Geschäfte im renovierten „Hinkelstein" übernehmen. Weiterhin charakteristisch und auch nicht vom Zigarettenqualm zu überdecken war der äußerst muffige Geruch des Gewölbes, der sich hartnäckig in der Kleidung hielt – so richtig nach altem, feuchtem Kartoffelkeller. Zum Glück kamen Richters alte Stammgäste vom Bistro am Hirschberg mit.

In den ersten Jahren gingen hier nicht nur Getränke über die Theke. An mehreren Tagen in der Woche, manchmal dreimal, gab es Livemusik im schummrigen Keller. Richter, eigentlich mehr der Rockmusik zugetan, lud dazu Jazz- und Folkgruppen ein. Da war sogar die heimische Presse begeistert: Ob renommierte

Free- und Rock-Jazzgruppen aus dem In -und Ausland, einheimische Bands wie Pitch Pine mit Roman Klöcker an der Gitarre, Marburger Singer-Songwriter wie Julian Dawson oder offenbar stadtbekannte Musiker wie Michael, Herbert oder Heike, die Los Flores mit spanischer Gitarrenmusik oder auch mal der heimische Künstler Rudi Merten - für jeden Geschmack hielt der „Hinkelstein" etwas bereit. Wenn „Das Dritte Ohr", die deutsche Antwort auf schwarzen Blues, spielte, war der Keller gerammelt voll. Wer dann auf die Toilette wollte, hatte seine liebe Mühe, denn die war am Eingang, die steile Treppe hoch, und sowieso schon schwer erreichbar.

Auch Fußballfans hatten hier ihren Treffpunkt und schauten Liveübertragungen der WM und anderer Meisterschaften in den Tiefen des Kellers. Wer den Weltmeister und das Endspielergebnis vorher erraten hatte, hatte die Chance, einen Abend Freitrinken zu gewinnen. Das kulinarische Angebot war dagegen überschaubar: Käse am Stiel, Zwiebelbrötchen und manchmal eine friesische Bohnensuppe. Die Altbierbowle hält sich tapfer bis heute auf der Karte und ebenso der immer selbst angesetzte, in den 1970er-Jahren so beliebte Apfelkorn. Der mit Apfelsaft gemischte günstige Korn, serviert in eisgekühlten Gläsern, hat noch heute seine Liebhaber. Den Persiko, der in den frühen Jahren auch gern hier getrunken wurde, sucht man allerdings inzwischen vergebens.

Im „Hinkelstein" scheint die Zeit stehen geblieben zu sein. Der Ort und seine Einrichtung haben sich in den letzten 40 Jahren nur unwesentlich verändert. Der Wirt, Jost Prätorius aus Biedenkopf, steht auch nach Jahrzehnten als feste Größe hinterm Tresen. Viele alte Stammgäste sind treu geblieben, während das große Publikum sich immer wieder verjüngt.

Live-Musik gibt es nicht mehr, aber Fußballspiele kann man bis heute auf dem Bildschirm erleben. Wimpel und Schal der Frankfurter Eintracht deuten auf eine präferierte Mannschaft des Wirtes hin.

Eine ganz besondere Veranstaltung hatte der „Hinkelstein" vor ein paar Jahren zu bieten: einen Kneipengottesdienst. Während zwei junge Pfarrerinnen die Predigt hielten, konnte die Gemeinde das Vaterunser zur Auffrischung auf den Bierdeckeln nachlesen.

Wolfgang Richter – Urgestein der Marburger Kneipenszene

Aufgewachsen in Marburg und Umgebung mit vier Brüdern und einer Mutter, die schon früh alleinerziehend mit ihren Söhnen war und in der Gastronomie arbeitete (morgens und nachmittags im „Café Markees", mittags und abends im chinesischen Restaurant darüber), kannte er den Kneipenalltag von klein auf und genoss es dabei zu sein. Jedenfalls hat es ihn nicht abgeschreckt, selbst in diese Branche einzusteigen.

Schon früh, bevor er volljährig war, arbeitete er heimlich im „Club Alpha", einem Musikschuppen an der Mensa, dem Vorgänger des „Milli Vanilli". Nachmittags machte er dort sauber, dann legte er Platten auf. Das tat er im Übrigen auch im kirchlichen Jugendhaus „Compass", das damals eine grandiose

Im „Wave" konnte man „unter Palmen qualmen".

Musikanlage hatte, die leider später abgeschafft wurde: die Anfänge seiner Karriere als DJ Wolfgang. Das war noch in den 1960er-Jahren, als er die Martin-Luther-Schule und später das Gymnasium Steinmühle besuchte. Schon damals war er leidenschaftlicher Kneipengänger, ging gern und häufig ins „Caveau" am Hirschberg, wo besonders die Steinmühlenschüler ihre ersten Ausgeherfahrungen und Bekanntschaft mit dem Alkohol(rausch) machten. Nicht wenige erlebten im Dunkeln des Kellers auch die ersten Annäherungen ans andere Geschlecht. Schon nachmittags ging man dorthin, im Keller sah einen ja niemand, vor allem Eltern nicht. Das Abitur bestanden die meisten trotzdem.

Richters Geschichte als Wirt beginnt in dieser Kneipe, dem Bistro am Hirschberg, damals noch parallel zum Studium. Es folgte eine kurze Episode in der Ratsschänke, einer Bierkneipe, die sein Bruder bis heute bewirtschaftet, inzwischen allerdings als gutbürgerliches Restaurant. Anschließend arbeitete er im „Hinkelstein", in der Vereinskneipe des VFL Blau-Gelb am Wilhelmsplatz und Vorläufer des „Knubbels", dem „HardrockCenter" in der Schwanallee, bis sich mit dem „Café Barfuß" sein Traum von einer eigenen Kneipe erfüllte.

Doch damit nicht genug. Die Karriere des rock-affinen Gastronomen geht weiter: Die Diskothek „Wave" im alten Marbacher Kurhaus, die 1979 das „Old Daddy" ablöste, war sein neues Projekt. Mit Neuer Deutscher Welle aus einer dicken Anlage, Sonnenschirmen, Palmen und Kieselsteinen auf dem Boden schuf er eine ganz neue, coole Strandatmosphäre. Kicker und Flipper waren mit dabei, die Kiesel verschwanden bald wieder.

Schließlich ging es für Richter dann in die Oberstadt zurück: Er übernahm das legendäre „Slot" im Steinweg, das den „Club E" ablöste. Mit dem „Leda" in der Schwanallee, Bar und Café, eröffnete er später das erste vegetarische Bistro, das mit seinem Angebot fast schon ein Restaurant war und auch exotische Cocktails anbot. Mit seiner hellen, leichten Möblierung war es eine für Marburg ganz ungewöhnliche Location.

Silvesterparty im „Club E“-Stil

Studienprojekt „1966“ endet mit großen Fest · Wolfgang Richter legte die Hits der Zei

Marburg. Das Projekt 1966 der Instituts für Europäische Ethnologie und Kulturwissenschaften endete mit einer großen Silvesterparty mitten im heißen Marburger Sommer.

von Christian Rothenberg

Das Jahr 1966 ist nun endgültig vorbei. Nachdem das Institut für europäische Ethnologie und Kulturwissenschaft in den vergangenen Wochen das ereignisreiche Jahr 1966 von der Neujahrsansprache Heinrich Lübkes über die Proteste gegen die Notstandsgesetze und das knapp verlorene WM-Finale durchgespielt hatte, endete das Projekt am Freitagabend mit einer rauschenden Silvesterparty.

Dabei feierten knapp 100 Gäste im reanimierten „Club E“ in der Wettergasse mit Countdown und guten Vorsätzen in das neue Jahr hinein. „Es ist ein krönender Abschluss. Alle sind sehr traurig das es vorbei ist“, schwärmt Nadine Beck, die den letzten Abend sichtlich genoss. Die zum 1966-Team gehörende Studentin blickt voller Zufriedenheit auf die ereignisreichen Wochen zurück: „Es war richtig, das wir uns gegen die konventionelle Ausstellungsmethode entschieden haben. Es war immer sehr viel los, egal ob Jung oder Alt und die Besucher haben sehr viele Fragen gestellt.“ Die Öffnungszeiten gerieten dabei manchmal etwas in den Hintergrund: „Beim Stadtfest war der Andrang so groß, das wir bis ein Uhr nachts geöffnet hatten.“

Ob es einen Höhepunkt gab in den vergangenen Wochen? „Das ist gar nicht so leicht zu sagen, aber Franziska Wietholds Sexskandal im Studentendorf war schon sehr unterhaltsam“, schmunzelt Nadine Beck über die Frau, die sich in der

Teilnehmer des Studienprojekts „1966“ freuen sich über die erfolgreiche Reihe und die Silvesterparty mitten im Sommer. *Fotos: Rothenberg*

falschen Gesellschaft von der Haushälterin in ihrem Bett erwischen ließ und anschließend gegen die Kündigung ihres Zimmers im Studentendorf vorging.

Und was wird aus den vielen Accessoires, die im 1966-Laden das Gefühl verbreiten, die 70er Jahre lägen erst noch bevor? „Der Raum wird geräumt. Einiges wurde zwar gekauft, aber die meisten Dinge gehen an die Leihgeber zurück“, sagt Sebastian Bauer und streicht über eine E-Gitarre die an der Wand hängt.

Während sich draußen an der Wasserscheide einige Zeitzeugen der älteren Generation sonnen, betrachten im Inneren des historischen Clubs zumeist Studenten die vielen liebevoll ausgestellten Erinnerungsstücke. Einige Meter weiter in dem mit zahlreichen Fotos, Schildern und Zeitschriften geschmückten Raum, der in den letzten Wochen im Wechsel als Museum und Partyraum diente, steht der ehemalige Besitzer des „Club E“, die Marburger Gaststätten-Legende Wolfgang Richter. Als hätten die letzten 40 Jahre nicht stattgefunden, sorgt er als Discjockey vor einem riesigen Beatles-Poster stehend für die richtige Hintergrundmusik.

Lächelnd gestand er: „Heute spielen wir nur Musik bis einschließlich 1966. Es war das Jahr der Beatles, ihre LP ‚Revolver‘ war einfach revolutionär.“ Mit sicherem Griff in seine Plattenkiste präsentierte er stolz die führenden Platten der Single-Charts des Jahres 1966: „Mammas & Papas –

Wolfgang Richter präsentierte seine Schätze aus „Club E“-Zeiten.

Monday monday“ auf Plat
„Chris Andrews – Yesterda
auf Platz Zwei. Dann stoppte
zeigte auf eine Single m
Black: „Den hatten wir nie g
im ‚Club E‘.“

Der Abend war noch ju
noch schien kaum jemand ar
zu denken. „Es ist ja noc
Nachher werden die sich sc
wegen, denn dann werd ich
ten Beat- und Twist-Sachen
gen“, versprach Wolfgang R
als wäre es gestern gewese
er den „Club E“ übernomm
Etwas Wehmut schwang mi
„Sloop John B“ von den
Boys“ auf den Plattentelle
und gestand: „Es ist schon ei
sches Gefühl, diese alten S
zu sehen. Ich kann mich noc
an jedes einzelne Teil erinne

Später an diesem Abend
noch gute Vorsätze aus O
Zeitungen an die Gäste vert
auch getanzt wurde auch no
viel, Wolfgang Richter ha
recht behalten. „Abgeschl
erzählte Nadine Beck am n
Tag, „wurde erst um vi
nachts.“ Na dann, auf ein W
hen im Jahr 1967.

enprojekt 1966: Wolfgang Richter legt auf.

Zum Abschluss seiner Karriere und als krönendes Finale entstanden nach dem Debakel rund ums „Slot“ wegen Lärms und Öffnungszeiten die „Kulthallen“ am Stadtrand – drei Diskotheken in einer, das auf jeden Fall größte Projekt seiner Laufbahn. Nebenbei hatte er Kneipen in der näheren Umgebung in Homberg, Wetter, Stadtallendorf und in Amöneburg mit dem „Dombäcker“ eine der ersten Adressen für Gourmets. Gleichzeitig führte er einige Läden mit schönen Dingen in Marburg. Das alles schaffte er nicht immer gleichzeitig und auch nicht allein. Er arbeitet aber ganz oft parallel an mehreren „Projekten“ und steht bis heute in seinem umwerfenden Laden am Markt, wo er seiner Musik- und Sammelleidenschaft frönt – eine Legende und bis heute mittendrin im Leben.

Feiermeile am Hirschberg: „Caveau“

Hier war schon in den 1950er-Jahren richtig was los: in der „Jazzhöhle am Hirschberg“, so titelt die Oberhessische Zeitung, wo „Freunde heißer Musik sich ein Stelldichein bei schrägen Rhythmen geben“. „Feuchte Grabeskälte“ umfängt den Schreiber des Artikels, die aber rasch einer drückenden, ebenfalls feuchten Schwüle weicht, im Jazzkeller „Caveau“, wo schummriges flackerndes Kerzenlicht, Bierfässer als Tische, in einer der Mauernischen eine Heiligenfigur mit bittend ausgestreckter Hand und angeklebter Kerze die Atmosphäre unterstreichen. Tanzen ist kaum möglich auf der winzigen Fläche, die dafür vorgesehen ist. Und so steht die Menge rhythmisch wippend herum, wenn die noch ganz junge Jazzcombo „College Five“ mit ihrem Dixieland den Laden zum Brodeln bringt.

Getränkekarte des „Caveau“.

Was das alte „Caveau“ auch heraushob, war die stattliche Auswahl an Spirituosen, besonders Whiskys. Es gab die interessante Möglichkeit, seine angebrochene Flasche bis zum nächsten Besuch in einem verschließbaren Fach aufzubewahren. Ob das Angebot tatsächlich von vielen angenommen wurde, bleibt offen.

Auch in den 1960er-Jahren war das „Caveau“ am Hirschberg einer der Orte, wo man Bands live erleben konnte. Das Publikum war jung, viele waren Schüler des Landschulheims Steinmühle, dessen Schulband hier häufig spielte: Die „New College Six“ mit u. a. Barthold Hornung, der in Marburg geblieben ist und lange Jahre in der „Cavete“ auftrat, waren die Hausband und Nachfolger der schon erwähnten Kapelle. Wenn sie ihren swingenden und eher konventionellen Jazz spielten, platzte der Keller aus allen Nähten.

Mick Schwarz kam auch am Nachmittag oder am frühen Abend ins „Caveau“, obwohl er nicht Schüler der Steinmühle war. Der Schülertreff von ihm und anderen war ebenso die Eisdiele „Garbelotto“ unterhalb der Alten Uni, am Aufgang zur Oberstadt. Die Milchbar, die auch schon die ältere Generation besucht hatte, bot Sound aus der Musikbox und Milchshakes an. Hier schaute man mal vorbei, „wer so da ist“, selten mit Verabredung, nach der Schule schon am Nachmittag. Dann ging's die

„Was Krupp in Essen, ist's Caveau in Hessen" – so warb die Kneipe um Gäste.

Untergasse hinauf ins „Caveau". Doch wenn's auf zehn Uhr ging, musste man sich langsam verdrücken, dann drohte Besuch der Polizei und Ausweiskontrolle.

Eigentlich waren es zwei Kneipen: das Bistro als Tagescafé und der Keller, das eigentliche „Caveau", als Dancing Discothek, wie man das damals nannte. Über die Treppen des Hirschbergs kam man ebenerdig ins „Bistro Bateau", eingerichtet mit dekorativen maritimen Elementen, fein poliertem Mahagoniholz und einem kupfernen Bullauge. Der Betreiber hatte die schönen Dinge, die aus dem Bootsbedarf stammten, aus Rotterdam mitgebracht. Dazu gehörte unter anderem eine Schiffsglocke, die über der Theke hing. Wer sie zum Klingen brachte, musste eine Runde geben, was auch schon mal ein fremder, nicht in die Rituale eingeweihter Gast tat. Um die Theke herum war eine Kette angebracht. Nur wer sich an ihr festhielt, wurde berücksichtigt.

Wolfgang Richter war schon zu Schulzeiten Stammgast hier gewesen und übernahm mit seiner Freundin und anderen das Bistro. Es war fast wie eine Wohngemeinschaft, denn man hielt sich fast immer dort auf, wechselte sich ab mit den Arbeiten (wie ein Kollektiv) und teilte die Einnahmen.

Es war die Zeit der „Blitzer", Leute, die aus Spaß oder Provokation nackt über die Straßen rannten, was verboten war. Auch in Marburg gab es sie, und so manche Wette wurde darum abgeschlossen. Eine Gruppe wollte vom Hirschberg einmal um den Marktplatz laufen, was ihnen gelang. Mit einem Kasten Bier sollten sie belohnt werden. Die Jungs fanden daran so viel Spaß, dass sie nachher einfach nackt blieben und den weiteren Abend in der Kneipe verbrachten – alle, bis auf die einzige Frau, die sich nur ausgezogen hätte, wenn eine weibliche Mitstreiterin dabei gewesen wäre. Viele, die in die Kneipe kamen, waren verwirrt und abgeschreckt, doch einer, der sich mit einer Linsensuppe stärken wollte, setzte sich in die Runde. Er bekam die Suppe aber nur, weil auch er sich seiner Kleider entledigte, und blieb den ganzen feuchtfröhlichen Abend über da.

Es ging aber nicht immer nur um den Spaß: Als 1975 der ASTA der Universität abgesetzt wurde, zeigte sich das „Caveau" mit einer großzügigen Spende solidarisch. Von jedem verkauften „Solidaritätsbier" gingen 30 Pfennige an die Studentenvertretung.

Fasching am Hirschberg war immer Ausnahmesituation: Von hier den Berg hinauf bis zum „Hinkelstein" war die Hölle los. Legendär war das Faschingswochenende, an dem die daueralkoholisierten Gäste gar nicht mehr nach Hause wollten. Und so diente der muffige Keller zu Faschingszeiten als Schlafmöglichkeit: Der Wirt warf ein paar Matratzen in den Kellerraum. Der Mief dort unten war kaum zu ertragen, denn so mancher schaffte es von dort nicht mehr aufs Klo – ziemlich eklig.

Die Kneipentruppe, die mit viel Energie und Lust das Bistro führte, hielt bis 1977 zusam-

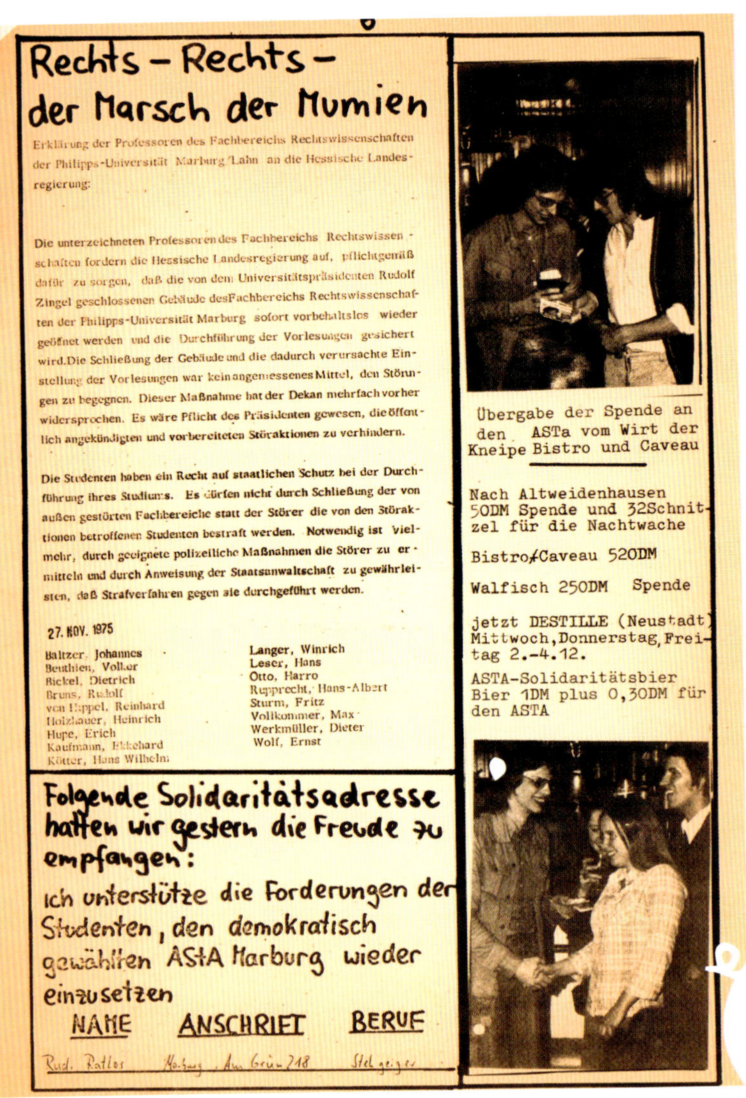

Rechts – Rechts –
der Marsch der Mumien

Erklärung der Professoren des Fachbereichs Rechtswissenschaften der Philipps-Universität Marburg/Lahn an die Hessische Landesregierung:

Die unterzeichneten Professoren des Fachbereichs Rechtswissenschaften fordern die Hessische Landesregierung auf, pflichtgemäß dafür zu sorgen, daß die von dem Universitätspräsidenten Rudolf Zingel geschlossenen Gebäude des Fachbereichs Rechtswissenschaften der Philipps-Universität Marburg sofort vorbehaltslos wieder geöffnet werden und die Durchführung der Vorlesungen gesichert wird. Die Schließung der Gebäude und die dadurch verursachte Einstellung der Vorlesungen war kein angemessenes Mittel, den Störungen zu begegnen. Dieser Maßnahme hat der Dekan mehrfach vorher widersprochen. Es wäre Pflicht des Präsidenten gewesen, die öffentlich angekündigten und vorbereiteten Störaktionen zu verhindern.

Die Studenten haben ein Recht auf staatlichen Schutz bei der Durchführung ihres Studiums. Es dürfen nicht durch Schließung der von außen gestörten Fachbereiche statt der Störer die von den Störaktionen betroffenen Studenten bestraft werden. Notwendig ist vielmehr, durch geeignete polizeiliche Maßnahmen die Störer zu ermitteln und durch Anweisung der Staatsanwaltschaft zu gewährleisten, daß Strafverfahren gegen sie durchgeführt werden.

27. NOV. 1975

Baltzer, Johannes
Beuthien, Volker
Bickel, Dietrich
Bruns, Rudolf
von Hippel, Reinhard
Holzhauer, Heinrich
Hupe, Erich
Kaufmann, Ekkehard
Kötter, Hans Wilhelm
Langer, Winrich
Leser, Hans
Otto, Harro
Rupprecht, Hans-Albert
Sturm, Fritz
Vollkommer, Max
Werkmüller, Dieter
Wolf, Ernst

Folgende Solidaritätsadresse hatten wir gestern die Freude zu empfangen:

Ich unterstütze die Forderungen der Studenten, den demokratisch gewählten AStA Marburg wieder einzusetzen

NAME	ANSCHRIFT	BERUF
Rud. Ratlos	Marburg, Am Grün 218	Stehgeiger

Übergabe der Spende an den ASTa vom Wirt der Kneipe Bistro und Caveau

Nach Altweidenhausen 50DM Spende und 32Schnitzel für die Nachtwache

Bistro/Caveau 520DM

Walfisch 250DM Spende

jetzt DESTILLE (Neustadt) Mittwoch, Donnerstag, Freitag 2.-4.12.

ASTA-Solidaritätsbier
Bier 1DM plus 0,30DM für den ASTA

Spendenaktion für den AStA 1975.

men. Als Richter hatte verlauten lassen, dass er sein Studium wieder aufnehmen wolle, nahmen das ein paar der Mitstreiter ernst, nutzten die Situation und booteten ihn kurzerhand aus. Richter wollte durchaus an die Uni, aber Kneipe konnte man doch durchaus neben dem Studieren machen. Es kam zum Streit und damals schwor er sich: Jetzt wird' ich es euch so richtig zeigen – womit er ausgesprochen recht behielt.

Nachdem sich auch der Nachfolger Joachim Kujus vom „Caveau" getrennt hatte und ein paar Meter weiter oben am Hirschberg „Cookies Karzer" eröffnete, führen seit 1990 Isa und Eugen die Kneipe, die sich immer noch in zwei Räume teilt. 1988 war das alte Haus abgerissen und neu aufgebaut worden, der Gewölbekeller hielt stand. Das maritime Flair hat das „Caveau" jedoch verlassen. Die jungen Gäste, immer noch viele Schüler, gehen traditionell zum Fußballgucken in die Sportsbar in der Tiefe des Gewölbes. Man muss sich beeilen, um einen guten Platz im Keller zu ergattern, dort wo es immer noch ganz gut verraucht ist. Im oberen, heute rauchfreien Raum gibt es was gegen den Hunger, belegte Baguettes oder manchmal Chili con carne.

Erlebnisgastronomie mit Perspektivwechsel konnte man bis vor ein paar Jahren erfahren, wenn sich an mehreren Abenden im Monat das Kellergewölbe in die „Dunkelbar Finstaverne" verwandelte, ein Projekt von sehbehinderten Studenten zusammen mit dem AStA-Behindertenreferat. Die Kneipe stellte den Raum für das Experiment zur Verfügung. Blinde begleiteten Sehende über die Treppe durch diverse Vorhänge ins Gewölbe, wo gegessen, getrunken und gespielt werden konnte – in völliger Dunkelheit. Die Kellner kannten sich aus und bedienten versiert. Für die Gäste wurde aber selbst das Anstoßen zur Herausforderung, vom Suppeessen gar nicht zu reden, davon wurde schon vorher abgeraten. Alle Sinne waren anschließend geschärft, ein komplett ungewohntes Erlebnis.

Kreative Comic-Werbung des „Caveau".

Einmal durch die Oberstadt: Das „Sudhaus“

Gleich gegenüber konnte man bis vor ein paar Jahren nach dem Fußball direkt ins „Sudhaus“ einfallen. Im alten Fachwerkhaus am Hirschberg gab es gleich drei Etagen Kneipe inklusive rotem Korn, „SchniPoSa“ und Würfeln um die Zeche. Oft saß in der Nische beim Eingang eine alte Frau und strickte, was eigentlich so gar nicht zur übrigen Klientel passte, obwohl das Kneipenpublikum auch ziemlich heterogen war: viele Studenten und Schüler, aber auch etwas ältere Semester, eher linksalternativ und rustikal – wie die Kneipe eben.

Der „Krug zum grünen Kranze“ am alten Sudhaus.

Sie war über Jahrhunderte der „Krug zum grünen Kranze“ gewesen, was das eiserne Kränzchen auch weiterhin anzeigte. Schiefe Böden, niedrige Decken, eine Etage für die Raucher: Ende der 1990er-Jahre zog das „Sudhaus“ mit seinen drei jungen Pächtern hier ein und wurde eine Kultkneipe für die in den 1980er- und 1990er-Jahren Geborenen, die Kinder der 68er- und Hippieeltern. Manchmal kamen die Schüler auch mitsamt ihren Eltern.

Die rustikale Einrichtung bestand aus viel Holz, Butzenscheiben, bleiverglast wie vor hundert Jahren, und wenig Dekoration, bis auf die roten Kerzen in den Bierflaschen - mehr brauchte es nicht im alten „Sudhaus“. Das Essen war günstig (Chili con Carne oder Schnitzel mit Pommes und Salat für 6 Euro 20), die großen Biere preiswert. Sportlich-kommunikative Betätigung war an der Dartscheibe möglich und auch am Kicker, aber der war natürlich meistens besetzt.

Nach 16 Jahren wechselte der Hausbesitzer und wie so häufig wurde die Kneipenpacht erhöht, wohl um fast das Doppelte, was für die Wirte untragbar war. Sie rangen sich schließlich dazu durch, einen anderen Standort für die gleiche Kneipe zu suchen. Das waren sie ihrem Publikum schuldig und es blieb ihnen tatsächlich treu. Legendär wurde die Umzugsnacht gefeiert: Um Mitternacht gab's das letzte Bier an alter Stelle, dann versammelten sich alle. Und es waren viele treue Gäste, die am steilen Hirschberg eng gedrängt standen, als das Kneipenschild über der Tür abgenommen wurde. Unter Gejohle und Gesang wanderten alle zusammen zum Steinweg ins neue „Sudhaus“ um, dort mit dem nächsten Bier den Neubeginn zu zelebrieren.

Mit den Gästen zog die alte Atmosphäre mit, unterstützt von der neuen/alten Einrichtung, die das ehemalige „Sudhaus“ ein bisschen optisch in Erinnerung rufen sollte - Deckenbalken, Holzvertäfelung, alte Möbel und eine Hobelbank als Tisch. Der Raum, der zuvor ein bürgerliches Restaurant, den „Alten Ritter“, beherbergt hatte und zuletzt eine schicke Cocktailbar mit Glastischen, verwandelte sich zurück in eine rustikale Kneipe mit Fachwerkcharme, schon etwas verbraucht und gemütlich. Der Kicker bekam seinen Platz, die Kerzen und die Speisekarten genauso. Alles war beim Alten, nur auf die oberen Etagen musste man nun verzichten. Die alte Tradition des Würfelns am Ende des Kneipenbesuchs aber hat sich gehalten: Bei drei Sechsern ist alles frei, drei Einser halbieren die Zeche.

Fast wie in Berlin: Das „Café Barfuß“

Die Idee war in Berlin entstanden: eine Kneipe, die schon morgens geöffnet ist und durchgehend bis nachts, wo es Frühstück gibt, wo man kleine Gerichte, Kaffee und natürlich Bier und Wein anbietet. Das gab es in Marburg Anfang der 1970er-Jahre noch nicht. Der spätere Wirt, ein realistischer Träumer, der schräg gegenüber einer eher schlecht als recht laufenden Pizzeria in der Barfüßerstraße in Marburgs Oberstadt wohnte, brachte sie mit. Im „Zur Stadt Marburg“ wurde der Traum Wirklichkeit – und läuft bis heute. Wolfgang Richter war zwar noch mit dem „Hinkelstein“ beschäftigt, aber das „Café Barfuß“ wurde sein Baby und das seiner damaligen Freundin. Der Bierverleger, der quasi Verpächter war, entschied sich für ihn, den jungen Wirt mit Erfahrung.

„CAFÉ BARFUSS“ ist der Name eines gemütlichen Lokals, das in der Barfüßerstraße eröffnet wurde. Nach den Vorstellungen der Inhaber Katrin Pförtner und Wolfgang Richter werden sich in den Räumen besonders die wohlfühlen, die sich nach dem Einkaufsbummel auf eine Tasse Kaffee und Kuchen nach Omas Art freuen. In den Abendstunden wird die Caféhausatmosphäre durch musikalische Darbietungen und Spiele unterstrichen. Außerdem bietet das Café Barfuß von 10 bis 1 Uhr hausgemachte Speisen für die hungrigen Gäste.

vo/OP-Foto: eil

Auch die Zeitung berichtete über die Eröffnung des „Café Barfuß“.

Er gestaltete den biederen Kneipenraum völlig um, und zwar auf die damals angesagte Weise mit Mobiliar vom Sperrmüll, alten Musikinstrumenten, die unter der Decke hingen, einer Wandbespannung aus alten Kaffeesäcken, die er für je zwei Mark vom Kaffeegeschäft Lang in der Marktgasse bekam. Das benachbarte Musikhaus Oberstadt lieh ihnen ein altes Kaffeehausklavier. Die Fenster wurden von den Gardinen befreit. Kein verstecktes Trinken mehr hinter Fensterläden und Butzenscheiben. Nur die Werbung mutete noch ein bisschen altbacken an: gemütliche kleine Kneipe, „wo es Kaffee und Kuchen nach Omas Rezept gibt und ein gepflegtes Pils noch 7 ½ Minuten dauert“.

Auch im „Barfuß“ wurden die Angestellten am Umsatz beteiligt und identifizierten sich deshalb umso mehr mit der Kneipe. Das endete allerdings später mit einer neuen Abgabeverordnung. Bis dahin hatte die Kneipe, die natürlich nicht nur Café, sondern auch Bierbar war, so etwas wie kollektiven Charakter. Es gab eine gemeinsame Trinkgeldkasse, aus der Reisen und Ausflüge der Belegschaft bezahlt wurden, aber auch mal eine schwangere Angestellte unterstützt wurde. Sie war immer gut gefüllt.

Der Laden lief von Beginn an. Am Eröffnungstag standen die Leute schon vor zehn Uhr Schlange, weil sie einen leckeren französischen Café au Lait genießen wollten. Den gab es in Marburg zu dieser Zeit, 1978, noch nirgends. Leider hatte der Gastwirt anfangs nur sechs von den schönen großen Kaffeeschalen – man kam mit dem Spülen nicht hinterher. Das Paar teilte sich zunächst die Arbeit, eine(r) in der Küche, eine(r) am Tresen, was aber schon bald nicht reichte. Auf der Karte, die immer ganz individuell und witzig selbst gestaltet wurde, standen kleine Gerichte wie Strammer Max und Suppen, eben „bierbegleitende Speisen“, sowie natürlich diverse Frühstücksvariationen: das französische mit Croissant und einer Gauloises oder das englische, natürlich mit Speck und Eiern. Ganz modern und gesund gab's schon ein Vollkornfrühstück, dem amerikanischen lag ein Kaugummi bei.

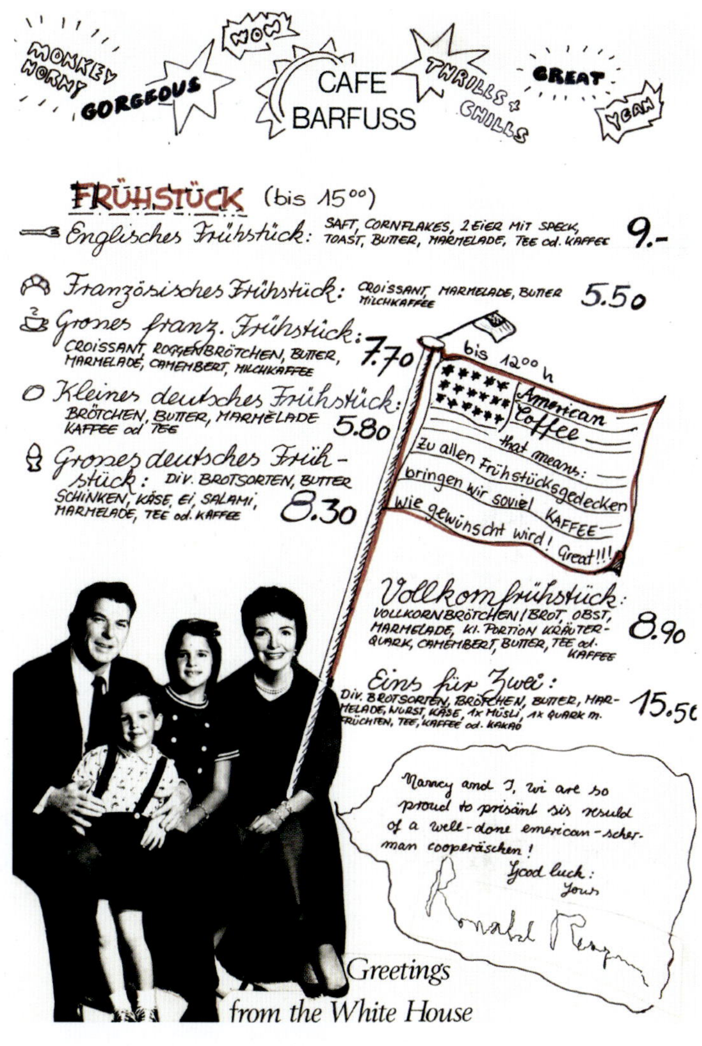

Immer selbst gestaltet: die Speisekarte im „Café Barfuß“.

Schnell war das „Barfuß“ in aller Munde und das nicht nur in Marburg. Die Presse schickte die Kunde in die weite Welt, sodass bald sogar Reiseführer auf den angenehmen Ort hinwiesen. Es war eine Adresse! Ein Juwelier warb in seiner Anzeige mit dem Ort: gegenüber vom „Café Barfuß“.

Zum Würfeln ins „Rustica“

Damals Oberstufenschüler, ging Bernd Ende der 1970er-Jahre gern ins „Rustica“ am Barfüßertor, dem Eingang zur Oberstadt, „weil es so entspannt und gemütlich war“. Die Kneipe von Wirt Rainer Martin war auch Stammkneipe des Instituts für Leibesübungen direkt gegenüber. Kurze Wege also. Die Sportstudenten wollten sich auch mal körperlich erholen und vor allem ihren Durst stillen.

Zu essen gab es auch was, aber keine Sterneküche, sondern kleine, schnelle Gerichte, wie überbackene Toasts, die die Bedienung oder der Wirt gleich neben dem oder praktisch im Gastraum zubereitete. Die Kneipe war im Eingang überaus schmal, man fiel direkt an die Theke, die Toiletten gleich gegenüber günstig gelegen. Irgendwie schummrig war's und wurde noch düsterer, wenn man den Weg in den hinteren Gastraum fand, der die Treppe hinunter im fensterlosen Gewölbe lag. Hier hatte man endgültig seine Ruhe vor der Welt da draußen.

Die Ecke an der Theke vorn war meist belegt von eifrigen Würfelspielern, die, mit Bierdeckeln ausgerüstet, unermüdlich „schockten“ bzw. einen zum „Schocken“ brachten. Klar, wer verloren hatte, musste eine Runde schmeißen. Das ging bis spät in die Nacht, untermalt von mehr oder weniger aktueller Rockmusik: Deep Purple und Manfred Mann waren immer dabei.

Als es in Marburg zur Altstadtsanierung kam, mussten die Stammgäste Abschied nehmen. Das Haus wurde abgerissen. Aber das „Rustica“ gab nicht auf. Seine treuen Freunde zogen mit, als der Wirt ein paar Hundert Meter weiter in der Untergasse neu eröffnete. Diesmal ohne Gewölbe, dafür mit kleinem Balkon und regelmäßig warmen Gerichten, wie der Spezialität Chili con carne.

Bernd half ab und an hinter der Theke aus. Rainer zog ein paar Jahre später weiter ins alte „Moulin Rouge“, die leicht anrüchige Nachtbar in Weidenhausen. Das führte er nicht etwa weiter, sondern eröffnete eine fast legendäre Musikkneipe, diesmal mit gelegentlicher Live-Musik: das „Blues“.

An der Stelle des alten „Rustica“ entstand ein neues Gebäude, „Blaue Säule“ genannt wegen seiner interessanten Eingangsarchitektur. Es war Restaurant und Treffpunkt für die Marburger Theaterszene. Ob Requisiteure, Statisten oder Technikern – nach Premieren wurde hier ausgelassen gefeiert. Für manche Schauspieler war's fast das Wohnzimmer.

In den 1980er-Jahren nannte sich die Kneipe „Fiasco di vino“, war komplett neu eingerichtet, setzte sich damit von den ehemals düsteren Kneipenräumen ab und erfüllte neue Ansprüche. Hier wurden italienische und französische Weine serviert, die Speisekarte bot diverse Käse- und Salatkreationen an. Die Wirtin mit besonderer Ausstrahlung war überaus dominant und ist vielen bis heute in Erinnerung.

Flippern und Flirten bei Charlotte

Die Treppe hoch, und gleich rechts standen die Flipperautomaten. Viele kamen nur deswegen hierher. Manche kamen fast täglich, wie das so ist in einer Eckkneipe, und gehörten irgendwie zum Inventar. Sie saßen meist an der runden Theke. Es fiel auch schon mal einer vom Barhocker, aber meistens hatten sie gutes Sitzfleisch, so wie einer der Stammgäste, ein äußerst beleibter Herr im mittleren Alter, ein Friseur. Prominenter Stammgast war Chef einer Gießener Zeitung, der mit seinem „Nuttenfänger", einem dicken Mercedes, vorfuhr (damals gab es noch Autoverkehr in der Oberstadt).

„Charlotte", oder eigentlich der „Bierbrunnen Maribor" an der Ecke Markt und Reitgasse, war keine der typischen Studentenkneipen, denn hier trafen sich ältere und jüngere Leute, viele auch aus der Nachbarschaft. Sie war eine klassische Kiezkneipe, die aber noch eine Besonderheit hatte, denn hier trafen sich gern Männer, die andere Männer treffen wollten. Dazu kamen Studentencliquen, Pharmazeuten und Architekten, die die Atmosphäre schön schräg fanden und viele Abende im Semester hier verbrachten, sowie ein paar junge Kunsthistorikerinnen, die gleich um die Ecke am Markt zuhause waren. Es war die Zeit, als im Kino „Taxi zum Klo" lief. Das passte irgendwie zur Atmosphäre.

Die Einrichtung entsprach sicher nicht dem Geschmack der meisten Gäste, was aber der Stimmung überhaupt keinen Abbruch tat: kupferne Lampen, leicht schäbige Gardinen, über der Theke unzählige Urlaubskarten der Stammgäste, hier und da Spinnweben. Egal, hier wurde getrunken, geflirtet, gefeiert, geflippert. Es gab eine Jukebox, die mit wunderbaren Hits der 1970er-Jahre bestückt war, mit Soul- und Disconummern, die man auch gut mitschmettern konnte, zum Beispiel „YMCA" oder Gloria Gaynors „I will survive".

Bei besonderen Anlässen wie am Rosenmontag oder bei Geburtstagen trank die Wirtin auch mal ein Gläschen Sekt mit. Charlotte Nörenberg, nicht mehr ganz jung, war der eigentliche Mittelpunkt der Kneipe. Sie führte den Laden sehr flott und mit strengem Regiment, ihr konnte man nichts vormachen. Haare auf den Zähnen hatte sie, die gebürtige Berlinerin. Kurz vor Feierabend verkündete sie lautstark die letzte Runde und schrie „Jukebox aus!" Einige Zeit später rief sie „Feierabend!" und ließ nicht mit sich reden. Ihr Gatte Heinz, der früher schon eine Kneipe in der Ketzerbach gehabt hatte, kümmerte sich ausschließlich um die Technik, die Wartung der Flipper, eine Zeit lang auch um einem Kicker, der aber aus Platzgründen wieder abgeschafft wurde, und um die Jukebox. Er sprach nicht viel und

Mit Charlotte an der Theke.

hatte immer einen Stumpen im Mundwinkel. Geraucht wurde um 1980 natürlich noch exzessiv; wenn man also am Abend, meist erst gegen zehn Uhr in die Gaststätte kam, war die Luft schon zum Schneiden. Doch mit der Zeit gewöhnte man sich an den Qualm.

Doch Heinz war nicht nur für die Technik zuständig, erinnert sich eine Kneipengängerin an damals: „Heinz war mal wieder eingenickt und hatte den Pudel nicht unter Kontrolle bzw. nicht ausgeführt. Der pinkelte dann wie so oft mal wieder gegen die Säule, die mitten im Raum stand."

In früheren Jahren waren die Örtlichkeiten getrennt gewesen. Erreichbar über einen düsteren Flur, war in der unteren Etage die schummrige Bierkneipe, im Stock darüber die „Spielhalle" mit einer Art Cocktailbar, auch „Beckers Puff" genannt. Vor Nörenbergs war hier die Gaststätte „Becker" gewesen. Humphrey, der später Pächter wurde, war als Jugendlicher mal hier hereingeraten und erinnert sich an den vorsintflutlichen Bodenbelag, den Kanonenofen in der Mitte des Raumes und das Schild „Chez Charlotte". Am langen Ende der Theke saßen sich die Gäste gegenüber, was die Kommunikation enorm beförderte.

Manchmal ließ sich Charlotte um die Sperrstunde herum verleiten und einladen, noch einen kleinen Absacker zu nehmen. „Herztröpfchen" nannte sie das. Sie mochte einfach gerne Cognac. Im Übrigen: Wer eineinhalb Bier bestellte, kannte sich aus: Dann gab's für den Gast ein Bier und für die Wirtin einen Cognac. Wer Appetit bekam, musste sich zwischen Soleiern aus dem großen Glas und Erdnüsschen entscheiden.

Die Sperrstunde wurde nach außen hin eingehalten. Aber es kam durchaus vor, dass der ein oder andere danach von außen ein Steinchen warf und eingelassen wurde. Die dicken grünen Vorhänge zur Reitgasse hin waren nicht schön, aber äußerst blickdicht. Charlotte kannte auch „ihre" Schutzmänner, wusste, wer Dienst hatte und weniger gnädig war. „Heut' müssen wir zumachen, heut' sind die Kriminellen dran ...“, meinte sie dann und schloss unbarmherzig ihre Kneipe.

Als Heinz, von dem sie schon geraume Zeit geschieden war, starb, wollte und konnte auch Charlotte, wohl auch aus Altersgründen, die Kneipe nicht mehr weiterführen. Ein Stammgast und erfahrener Kneipier aus der Nachbarschaft übernahm Anfang der 1990er-Jahre für eine Weile. Er hatte schon zu Charlottes Zeiten ausgeholfen, wenn's nötig war, und kannte sich aus.

halten. Als dann die neue Einrichtung kam, ohne Brauereibindung, war es die Geburtsstunde von Humphreys „Wunderbar“.

Und Marburg wurde für kurze Zeit zur „Weltstadt“, zumindest was Bierangelegenheiten betraf, denn Humphrey schenkte belgisches Bier aus. Außerdem versuchte er sich in der Außenbewirtschaftung, was damals kaum verbreitet war. Vor dem Brillengeschäft an der Ecke luden nun Stühle zum Sitzen ein, leider ein bisschen weit entfernt von der Theke.

„Wunderbar“ nannte Humphrey die neue Kneipe und Charlottes Gäste mussten nicht umziehen. Sogar Metzger Müller kam. Aber es gab auch hier gleich zu Anfang mächtig Probleme. Die Marburger Brauerei hatte die Kneipe unter Vertrag und wollte eine bestimmte Menge Bier abgenommen wissen. Sie stellte ja die Theke, deren Preis aber für Humphrey unangemessen war. Und so riss die Brauerei, deren Bier eigentlich sowieso nur wenige in Marburg mochten, kurzerhand die Theke raus, um „Chez Charlotte“ oder den „Bierbrunnen Maribor“, wie sie da noch hieß, in eine Baustelle zu verwandeln. Ein Baugerüst, ein paar Kühlschränke und eine kleine Zapfanlage mussten eine Weile als Thekenanlage her-

Humphrey zapft im „Wunderbar“.

Vom Stadtindianer bis zum Professor: Gäste im „Rathausgockel“

Sein „geistiges Kind“ ist es gewesen: Robert Mohme, abgebrochener Jurastudent, den alle nur als Humphrey kannten, hatte schon einiges an Erfahrung in der Marburger Kneipenszene sammeln können, als Gast, aber auch als Jobber hinter der Theke und im Service. Ob Anfang der 1970er-Jahre im damaligen „Lahntor“, einer eigentlich bürgerlichen Kneipe, die zugleich Stammkneipe der DKP war, für 15 Mark am Abend, oder in den „Bit-Stuben“ am Steinweg hatte er hinter der Theke gestanden.

Der zukünftige Wirt überzeugte seine zukünftigen Vermieter, mit denen er befreundet war, in ihrem Haus eine Kneipe einzurichten, dort wo zuvor ein Schuhgeschäft gewesen war, mitten in der Wettergasse. Hier, an der Durststrecke zwischen Marktplatz und den nächsten Kneipen am Steinweg musste eine „Station“ eingerichtet werden, wofür umfangreiche Umbauten nötig waren. Die Hausbesitzer waren zu einer Sanierung bereit. Um eine Konzession zu bekommen, suchten sie Kontakt zu

Um 10 Uhr zu schließen ist für Marburg ein Scherz
das gibt es nirgendwo andrerwärts!
Studenten gehn vor 10" nicht außer Haus;
die ganze Wettergass' sieht dann finster aus.
die Durststrecke vom 'Maribor' zur 'Destille' ist zu la[…]
da wird es manchem fürchtbar bang!
Und mancher Kehle entringt sich schwer:
„Wie schön, wenn beim Humphrey noch offen wär!“

Und – Krach von den Gästen ist kein Argüment,
denn deswegen bestimmt keiner – 'nicht pennt'!

dies meinen:

Oda Boucsein
Reitgasse 4

„Wer andern eine Grube gräbt, fällt selbst hinein!“
[illegible], Marburg, Höhlgasse 3

Mit ihren Unterschriften bekunden die Gäste ihre Solidarität.

einer Brauerei. Für die neue Küche griff auch der Wirt selbst ordentlich in die Tasche.

Am 19. Dezember 1981 war es geschafft: Die Gaststätte „Rathausgockel – Gepflegte Getränke und Spezialitäten aus der oberhessischen Küche in gemütlicher Atmosphäre" konnte ihre Türen öffnen. Zur Eröffnung gab's einen großen Bahnhof. Einige lokale Baufirmen waren ja auch am Umbau beteiligt gewesen. Es war die Zeit der Marburger Oberstadtsanierung. Die Brauerei hatte die Renovierung bezahlt. Die „stilvoll rustikal eingerichtete Stube" und die Theke mit Schindeldach versprachen Gemütlichkeit.

Eine Kneipe für viele sollte es sein, eine offene Gaststätte, die bürgerlichen Gästen, aber auch wunderlichen Typen offenstand. Geselligkeit, gepflegtes Trinken und Essen und eine angenehme Atmosphäre wollte der junge Wirt idealerweise miteinander verbinden. Die Spezialitäten auf der kleinen Karte waren deftig hessisch, Eintöpfe und Bratkartoffeln der Renner. Hier gab es kein Gegröle und keine ablenkende Musik. Das Zusammensein und Reden sollte im Vordergrund stehen. Und so war es auch. Nur manchmal wurde der musikalische Hintergrund aus Oldies und Chansons ein bisschen durchdringender, wenn nämlich Klaus Hoffmanns „Salambo" aus dem Kassettenspieler klang. Das Lied war so etwas wie die heimliche Hymne des „Rathausgockels", vor allem für den sonntagnachmittäglichen Schwulenstammtisch am „Hexentisch": „Ich bin Kellner hier in diesem tollen Schuppen/ wenn das Licht ausgeht, beginnt 'ne heiße Schau ..." – was natürlich nicht passierte.

Doch einmal im Jahr, mindestens, ging es hoch her. Die Faschingstage und -nächte wurden zu heißen Feten. Da wurde sämtliches Mobiliar an die Seite geräumt, Barhocker wurden in die hintere Ecke verbannt und alle mussten stehen. Die Musik wurde, ebenso wie die Gäste, um einiges lauter. Es konnte durchaus passieren, dass der Wirt dann mal auf dem Tisch tanzte.

Das Spektrum der Gäste reichte von gutbürgerlichem Publikum, vielen Nachbarn aus der Oberstadt, Stammtischen lokaler Unternehmer (Metzger Müller von nebenan kam täglich), Touristen, Studenten, einer kleinen Schwulen-Szene bis hin zu schrägen Vögeln wie dem Käs-Willi. Manchmal tauchte auch Prominenz auf, wie etwa der Schriftsteller Rolf Hochhuth, der lieber unerkannt bleiben wollte und durfte, oder Udo Jürgens, der nach einem Auftritt in Biedenkopf in Marburg übernachtete und gerne noch eine Gulaschsuppe essen wollte. Leider war der Wirt an diesem Abend außer Haus. Die Suppe gab's natürlich trotzdem.

Doch kaum eröffnet, begannen schon die Probleme: Der Magistrat der Stadt hatte dem „Rathausgockel“ nur eine beschränkte Öffnungszeit gewährt. Um 22 Uhr sollte Schluss sein. Unverständlich, denn für andere Kneipen der Oberstadt war gewöhnlich um ein Uhr Sperrstunde und einige wenige, wie der „Altkeller“ oder der „Wal“, hatten gar Nachtkonzession. Viele studentische Gäste gingen ja erst gegen 22 Uhr aus. Aus Perspektive der Stadtoberen befürchtete man eine „Verkneipung“ der Oberstadt. Man wollte keine „Drosselgass'“ in Marburg. Die Nachtruhe der Oberstadtbewohner würde erheblich gestört. Das wollte und konnte der Wirt so nicht akzeptieren, strengte einen Prozess an und bat Nachbarn und Gäste um Verständnis und Unterstützung, was eine Welle der Solidarität auslöste.

Die Unterschriftenliste zeugt vom großen Engagement der Gäste für ihren Wirt und die Kneipe. In dem bis heute aufbewahrten Ordner liest man Sätze wie „Schade, dass unsere gemütliche Runde schon am frühen Abend auseinandergehen muss“, „Als Anwohner habe ich das Recht auf eine vernünftige Öffnungszeit dieses Lokals“ oder Statements wie „Im Übrigen möchten wir sagen, dass der Rathausgockel wohl die einzige Kneipe ist, welche verschiedene Generationen anspricht und auch in ihren Vorstellungen in einer ‚echten‘ Kneipe vereint.“ „Um zehn zu schließen ist für Marburg ein Scherz, das gibt es nirgendwo anderwärts ... Und mancher Kehle entringt sich schwer: ‚Wie schön, wenn beim Humphrey noch offen wär!‘“ Die Anstrengungen hatten Erfolg: Man einigte sich mit den städtischen Behörden auf eine neue Schließzeit um Mitternacht. Die Bewilligung eines erneuten Antrags erlaubte dann endlich die Öffnung bis ein Uhr.

Zehn Jahre später muss der „Rathausgockel“ dennoch aus wirtschaftlichen Gründen schließen. Fazit des Wirts: Eigentlich war es das Beste, was passieren konnte! „Kneipe ist auch Knast, man kommt nicht so einfach raus“, beklagt er später. Vor allem, wenn man selbst ein leidenschaftlicher Kneipengänger und großer Genießer von Wein, Bier und Geselligkeit ist. Denn wenn der Wirt in der eigenen Kneipe, wenn's am schönsten ist, von der eigenen Thekenbesetzung in die Küche geschickt wird, um Bratkartoffeln zu brutzeln, weil er ja Küchenchef ist und das besonders gut kann, so war das für ihn auch nicht immer angenehm. Da hätte er lieber mitgefeiert.

Feiern auf der Wasserscheide: Das „Twist“

Noch heute treffen sich Stammgäste in Marburg, um die alten Zeiten im „Twist“ (und anderswo) aufleben zu lassen – und eine wird dazu regelmäßig eingeladen: Wirtin Christiane steht für das „Twist“ wie niemand sonst, sie ist „Frau Twist“ und hat ihren Standort kaum verlagert. Noch immer lebt und arbeitet sie in der Oberstadt, hat immer noch Spaß am Feiern und erinnert sich gerne an die 1980er-Jahre in Marburg.

Eigentlich war es eine Schnapsidee, die sie, damals Medizinstudentin, und drei weitere musikbegeisterte Männer, die eine langjährige Freundschaft verband, dazu brachte, überhaupt eine Kneipe aufzumachen. Die Freunde waren immer zum Doppelkopfspielen in die winzige griechische Kneipe gegangen. Doch eines Tages hieß es: „Der Grieche macht zu.“ Er hatte im Lotto gewonnen, und die Gaststätte lief ohnehin nicht besonders. Kurz entschlossen, vor allem aus Lust, übernahm die Gruppe 1985 die Kneipe. Christiane war in einer Gaststätte aufgewachsen, also vertraut mit dem Leben hinter der Theke. Jürgen hatte jahrelang im „Slot“ gearbeitet, Ralf hatte vorher Musik aufgelegt, Roger war der Frauenschwarm.

Die vier, alle im Studium, teilten sich die Arbeit und rotierten: Jeder musste mal putzen, die Buchhaltung machen, den Einkauf übernehmen. Aber der Verdienst lag gerade so am Existenzminimum. Damals musste bei der Übernahme erst Abstand bezahlt werden, zudem war die Miete hoch. Die Räumlichkeiten waren zu klein für den Betrieb einer Küche, die etwas mehr Umsatz beschert hätte. Außerdem war die Sperrstundenregelung äußerst streng. Wenn man zu laut war oder sich vor der Kneipe Dreck sammelte, gab es Ärger und man hatte schnell die Polizei auf dem Hals. Und ohne Nachtkonzession, d. h. bis um ein Uhr, „war es sowieso schwer, sein Geld zu verdienen“.

Und doch: Sie schufen aus der abgehalfterten Speisewirtschaft etwas ganz Neues, was es so in Marburg noch nicht gab. Hier lief Musik von den Talking Heads und den Red Hot Chili Peppers, hier konnte man in Zeitschriften wie Spex, Tempo oder der Titanic stöbern. Der Look der Gäste war entsprechend: schwarz auftoupierte Frisuren, Schulterpolster, ein bisschen punkig, ein bisschen schick. Es gab nicht nur Bier, sondern auch Campari-Orange, Cocktails und andere Spirituosen sowie belegte Baguettes. Natürlich wurde geraucht, wie überall.

Die Kneipe bestand nur aus einem kleinen Raum mit langer Theke und drei Tischen, was aber der Stimmung nicht abträglich war. So kam man direkt in Kontakt und eigentlich kannten sich schnell fast alle. An manchen Tagen trafen sich Gruppen zum Stammtisch, Biologen, Kunsthistoriker, Leute vom studentischen Filmclub und viele Musiker. Manch einer der Gäste hat später richtig akademisch Karriere gemacht.

Erstaunlicherweise kamen auch ältere Menschen aus der Nachbarschaft. Ein Gast, der keinen eigenen Telefonanschluss hatte, ließ sich sogar in der Kneipe anrufen. Sehr privat war's im „Twist“ und immer total was los. Die Wirtin, die selbst viel Spaß am Feiern hatte, schmückte mit Begeisterung den Raum, ließ sich Motti für Themenabende einfallen, suchte nach geeigneten Bands, die die entsprechende Stimmung zum Thema machten. Auch Country und Western waren dabei. Dazu wurde die ganze kleine Kneipe total umdekoriert, die Wände wurden tapeziert und bemalt, beim Western-Thema zum Beispiel mit Wind- und Wagenrädern. Das Thema war damals eigentlich so gar nicht aktuell und so war die Veranstaltung quasi eine Satire, inklusive der Band, die sich lange geziert hatte und so als „The Uncertains“ angekündigt wurde, dann aber doch auftrat. Eine Flasche Whiskey half beim Einstimmen. Die Wirtin verwandelte sich am Abend in „Miss Kitty“ (wie in den „Rauchenden Colts“).

Der Laden war proppenvoll, der Spaß groß – und wurde von da an jährlich wiederholt. Das war dem Stadtmagazin „Express“ einen „Tagestipp“ wert. Nicht zu vergessen auch die „Lindenstraßen-Party“ mit aufwendig von Christiane ausgearbeitetem Quiz. Diverse Gäste kamen kostümiert als Protagonisten aus der beliebten Fernsehserie, die Chefin zapfte das Bier als Mutter Beimer und auf der Bühne sang Ulla Keller alias Frau Pavarotti mit roter Perücke und langem Kleid.

Nach einer Ausstellungseröffnung mit satirischen Zeichnungen der Neuen Frankfurter Schule kamen alle anschließend ins „Twist“, wo heftig getrunken und gefeiert wurde. Herr und Frau Wächter und andere Macher der Titanic ließen sich das nicht nehmen. „Frau Twist“ war immerhin langjährige Abonnentin.

Was die Wirtin im Kneipenalltag überhaupt nicht vertragen konnte, war das „Abkommentieren“ von Frauen. Hinter dem Tresen konnte sie so einiges mithören, auch wenn über einzelne Frauen schlecht geredet wurde. Da reagierte sie auch mal mit Hausverbot. Die selbstbewusste und durchaus resolute Wirtin

Die Thekenmannschaft im „Twist“.

tto-Party zum Thema County und Western.

e-Musik im „Twist".

war sensibel und vorgewarnt, denn sie kannte schon aus Kindheitstagen in der elterlichen Gastwirtschaft das männliche Gehabe in und vor der Kneipe. Das auffällige Sich-breit-Machen an der Theke, raumfordernd, konnte sie auf die Palme bringen. Christiane wollte, dass sich alle in ihrer Kneipe wohlfühlen, egal welchen Geschlechts.

Mit anderen Kneipen gab es regen Austausch. Eng verbandelt war das „Twist" mit der italienischen Eisdiele gegenüber, deren Besitzer nach Feierabend rüberkamen. Oder man half sich aus, wo es nötig war, zum Beispiel mit einem Kabel für den Fernsehanschluss bei einem wichtigen Fußballspiel. Nach Kneipenschluss ging die Belegschaft (und einige Kunden) meistens noch ins „Slot", später in den „Altkeller", oder man trank noch einen Frühschoppen bei Humphrey, manchmal ging's sogar bis zur „Bremsspur" am Ende der Stadt. Auch hier gab es spät nachts bei geschlossenen Türen intensive Kontakte von Tresen zu Tresen.

Besonders war das Engagement des „Twists" beim Kneipenfußball. Jährlich wurde mit viel Aufwand und Herzblut ein Turnier der Kneipenmannschaften auf den Afföllerwiesen auf die Beine gestellt. Als „Kräusencup", dessen Name sich auf die letzte und tatsächlich beliebteste Biersorte der Marburger Brauerei bezog, wurde das Turnier legendär und schaffte es bis ins Radio. In Marburgs Freiem Radio Unerhört wurde berichtet. Was die Sache in einem Jahr besonders pikant machte und Diskussionen heraufbeschwor: Die Belegschaft der Mausefalle, eines Animierbetriebs, war nicht zugelassen worden. Die Mädels ließen sich den Spaß nicht nehmen und kamen trotzdem auf den Fußballplatz, und zwar mit eigenen Mausefalle-T-Shirts.

1992 war Schluss für das Twist an der Wasserscheide. Eine traurige Entscheidung, aber die Miete war einfach zu hoch geworden, hatte sich von einem Vertrag zum nächsten verdoppelt. Christiane eröffnete in der Ketzerbach noch mal für eine Weile, aber der Erfolg ließ sich dort nicht fortsetzen.

Inzwischen haben sich manche bürokratischen Bedingungen für die Kneipen verändert, was die Sperrstunde angeht, aber an der Wasserscheide auch die Miete. Nur für kurze Zeit zog eine Cocktailbar ein, die wenig Erfolg hatte. Heute heißt die kleine Kneipe „Schlucke" und hält sich schon seit mehr als zwanzig Jahren.

Jeden Tag live: Erinnerungen eines Musikbegeisterten

Schon vor seinem 16. Geburtstag ging manch ein musikbegeisterter Jugendlicher heimlich am Sonntag in den Club E, noch korrekt kurzhaarig, gekämmt und im Konfirmationsanzug, um ein bisschen reifer zu wirken, was ihm offenbar abgenommen wurde. War man erst mal drin, hatte sich den steilen Gang hinunter in die Tiefe begeben und seinen Eintritt bezahlt, bei dem immer noch ein Getränk mit eingerechnet war, bewegte man sich unauffällig im Dunkel des Kellers, nur selten entdeckt von gleichaltrigen Mitschülern. Endlich befreit aus den bürgerlich-familiären Zwängen, wurde dieser schummrige Keller, vor allem der Bühnen- oder „Tanzraum", zum Sehnsuchtsort, wenn erst die Band zu spielen begann. Echte Beatmusik, Rock 'n' Roll, was man sonst nur eher heimlich im Radio hörte, konnte man hier live erleben. „Täglich Tanz mit Kapelle" stand draußen angeschrieben, was sich ein minderjähriger Schüler natürlich nicht leisten konnte. Also erst mal nur sonntags um drei. Schade, weil der Eintritt unter der Woche frei war.

Bevor ein professioneller Club mit Mitgliederausweis aus dem Keller wurde, vergingen ein paar Jahre, in denen hier in der Tiefe der Marburger Oberstadt Bands aus Marburg und Umgebung üben konnten. Zuvor hatten sie Obdach im Hinterzimmer einer Gastwirtschaft in der Oberstadt gehabt, in der „Blenke". Aber dort war irgendwann Schluss – zu laut, zu voll, zu viel „E", was im Übrigen dem späteren Club den Namen gab. Wirt Störmer, schon in der Gastronomie erfahren, witterte Erfolg mit einer ganz neuen Geschäftsidee.

Er und einige Musiker bauten die Räumlichkeiten am Steinweg selbst aus. Der Bruchkeller musste erst mal entkernt werden. Die hölzernen Einbauten und Theken kamen dazu, die Wände mit Verkleidung aus Strohmatten und Tische aus Baumscheiben sowie ein Bärenfell. Alles war sehr rustikal und schlicht, auf den Tischen standen Kerzen, die Wände waren künstlerisch-verspielt bemalt. Das technische Equipment war für die Zeit, die frühen 1960er-Jahre, schon sehr ausgefeilt. Die Livemusik aus dem unteren Bühnenraum konnte man über Lautsprecher auch im eigentlichen Clubraum oben hören. Und der Wirt war auch in Musikdingen beschlagen: Hier wurde nicht einfach Musik aufgelegt oder das Band angeschaltet. Der Wirt war es, der, wie später professionelle DJs, die Musiknummern vom Band in den Spielpausen ansagte und kommentierte.

Er kümmerte sich auch um die Bands, die hier spielen sollten. Natürlich wollten viele aus der Region hier auftreten. Aber dem Wirt gelang es auch, schon bekannte Bands aus der weiteren Umgebung, wie die „Lords" oder die „Rattles", angesagte sog. Indo-Rock-Bands aus Holland, die fast artistische Showeinlagen lieferten oder hinter ihrem Rücken die Gitarre spielten, und sogar Beat-Gruppen aus England zu engagieren. Einige Bands kamen immer wieder in den „Club E", gehörten quasi zum Inventar, wie etwa die „Skyriders" aus Köln. Solche sog. „Stripper"-Bands wohnten z. B. beim Bruder des Wirtes und verbrachten mehrere Wochen in Marburg. Sie wurden von den Störmers wie Familienmitglieder behandelt.

Die Postkarte vom „Club E" vermittelt einen Eindruck von der rustikalen Einrichtung des Kellers.

Der Club war schnell über die Grenzen des Landkreises hinaus bekannt. Nicht nur die Bands kamen von überallher, auch die Gäste scheuten keine weiten Wege und bildeten lange Schlangen im Marburger Steinweg. So war es fast immer rappelvoll im Keller und eng, stickig und verqualmt. Alle waren rasch schweißgebadet, denn es wurde schließlich getanzt, wenn auch der Raum vor der Bühne sehr beschränkt war, was den Gästen herzlich egal war. Und der Alkohol floss in Strömen. An der Theke war man nicht zimperlich beim Ausschank: Neben dem obligatorischen Bier gab es ein großes Angebot an Whiskys und sehr speziellen Schnäpsen und Likören, wie den süßen „Bärenfang" aus übergroßer Flasche - das Getränk des Hauses und nicht ungefährlich.

Die Bands brachten die Welt ins kleine Marburg, was die jungen Marburger begeisterte. Sooft er konnte und durfte, kam der Gymnasiast aus Wehrshausen über den Berg. Langsam wurden auch die Haare länger, und man trampte, anstatt zu laufen. Ab und zu schaute er auch mal an anderen Orten vorbei, wo Live-Musik gespielt wurde, zum Beispiel in der „Europatanzdiele" in der Reitgasse, die allerdings nicht den besten Ruf hatte. Manche machten einen großen Bogen um den Laden, denn hier fanden in den 1960er-Jahren schon mal regelrechte „Kneipenzerstörungen" statt, die junge Männer aus einschlägig bekannten Familien zu verantworten hatten. Demoliertes Mobiliar und blutige Nasen waren nicht selten. Es hieß, da hätte auch schon mal einer ein Messer im Rücken gehabt. Trotzdem war es hier oftmals voll. Das gewaltbereite Publikum schreckte einen nicht ab, wenn man heiße Livemusik hören wollte.

In der „Europatanzdiele" sah es aus wie in einer Glastanzdiele - ein bisschen plüschig, ganz im Gegensatz zum Wirt, einem beeindruckenden Kerl in Lederjacke. Hier traten die unnachahmlichen Indo-Rockbands auch auf, und eines Abends wollten die „Rollicks" aus Berlin spielen. Die waren vor allem in Hessen bekannt geworden, weil Hans Verres, der Radiomoderator aus Frankfurt ihren Hit rauf und runter auflegte: „Das Totenschiff", rein instrumental und sehr cool. Zufällig kam der musikbesessene Teenager noch früh vor dem Auftritt vorbei, als es gerade Probleme mit der Technik gab. Der Junge hatte eine Idee, denn er wusste natürlich, dass an diesem Abend auch die in Marburg schon bekannten Skyriders im „Club E" spielen sollten. Die hatten bestimmt so ein Teil, das den Rollicks gerade kaputtgegangen war. Und so sah man ein seltsames Paar über die Wettergasse zum Steinweg laufen: einen sonntäglich feingemachten Jungen mit einem Musiker im „Gammelstil" mit alten Schlappen. Die Skyriders konnten aushelfen, der Auftritt war gerettet und der junge Mann total stolz.

Verloren im Bermudadreieck

Das Marburger Bermudadreieck wurde immer mal wieder verlegt. In den 1970er- und 1980er-Jahren befand es sich am oberen Steinweg zwischen „Destille“, „Delirium“, „Cavete“, „Slot“ und „Café Local“. Schon die Erstsemester wurde eingefangen, um hier ein- und abzutauchen: „Stellt euch dem letzten Abenteuer unserer Zeit!“ Im Wintersemester 1987 gab’s dafür sogar eine Rabattkarte, den „Bermudapass“.

Der Bermudapass.

Willkommen im Bermudadreieck.

Von der „Destille“ …

Wir haben eigentlich immer nur gestanden, konnten uns kaum rühren. Erst ab 23 Uhr sind wir hingegangen, immer war jemand da von der Clique oder jemand, den man kannte. Vorher war kaum jemand da, dann erst kamen sie aus ihren Studentenbuden und WGs: ob Ethnologen, Kunstgeschichtler oder Soziologiestudenten. Die Destille war eine der Kneipen, wo man, auch als Frau, ohne Verabredung meistens lustige und interessante Begegnungen haben konnte: Gespräche, Flirts, laute Runden. Und sie lag so günstig, nicht weit vom Marktplatz und zugleich im Bermudadreieck, wo der Abend meistens endete. Die Einrichtung war unbedeutend: Nähmaschinentische, ein bisschen Sperrmüll, Zusammengezimmertes, Kerzen und die große Fensterscheibe. Es war uns relativ egal, denn der Raum verschwand ohnehin im dichten Zigarettenrauch. In den 1970er- und 1980er-Jahren rauchten fast alle.

Nach ein paar Bieren am späten Abend sehnsüchtig erwartet, bekamen die durch die Kneipen ziehenden Brötchenverkäufer mit ihren verheißungsvollen Körben, wo unter karierten Geschirrtüchern selbst gemachte und belegte Brötchen versteckt waren – absolut nötig als Grundlage beim Biertrinken. Eine paar findige Leute aus der Region, Freaks aus einer WG auf dem Land, hatten die Idee gehabt. Die Brötchen wurden jeden Tag frisch gebacken in ihrem WG-Ofen. Eine kleine Mannschaft belegte sie mit Wurst und Käse und eine Crew von studentischen Verkäufern schwärmte durch die nächtliche Oberstadt mit Henkelkorb.

Ein paar Jahre lang stand Joe Bausch, weithin bekannt geworden als Pathologe aus dem Tatort, hinter der Theke und war Teil des Pächterkollektivs. Sein begonnenes Jurastudium, was ihn nach Marburg führte, war bald nicht mehr interessant, zu konservativ, sodass er es nur noch auf dem Papier weiterlaufen ließ. Umso mehr tauchte er ein ins Feier- und Kneipenleben, vor allem in der Oberstadt, wo eine WG-Fete die andere jagte. Hier und besonders in der „Destille" spürte er die besondere Marburg-Atmosphäre.

Um eins wurden die Gäste in den 1980er-Jahren mit „Just a Gigolo" rausgeschmissen. Und dann gingen viele gleich nach gegenüber ins „Slot" ...

... zum Tanzen ins „Slot"

Ins „Slot" gingen viele, wenn die anderen Kneipen zumachten. Dann ging der Abend erst richtig los. Es waren die alten Räumlichkeiten des „Club E", ein bisschen modernisiert, aufgemöbelt und mit neuem Namen, den das „Slot" wegen der alten „Einarmigen Banditen", der Spielautomaten aus den 1930er-Jahren, bekommen hatte. Es waren Sammlerstücke des neuen Pächters Wolfgang Richter. Im oberen Gastraum mit der zentralen Theke hingen Pflanzen von der verglasten Decke. Die Einrichtung war liebevoll ausgesucht, mit Antiquitäten, Bildern, Skulpturen und ein bisschen nostalgisch – einfach gemütlich und anders als im „Club E" mit seinen Bärenfellen und Wandmalereien. Die Räume seien klimatisiert,

In der Kneipe traf man nicht nur Studenten, sondern zugleich auch das akademische Personal, eine unvergleichliche Mischung unterschiedlicher Milieus. Und man konnte so überraschende Dinge wie einen spontanen nächtlichen Auftritt der Dubliners erleben. Die Zeit der 1970er-Jahren in Marburg, so erzählte Bausch auf der Gala zum Stadtjubiläum, sei die prägendste seines Lebens gewesen.

Der Kneipenraum im „Slot".

Die Kneipe und der Krach: Ausschuß nun befaßt damit

„Slot"-Besitzer will Einschränkungen nicht hinnehmen · Schon Rückgänge beim Umsatz

Marburg. Der Besitzer der Tanzkneipe „Slot" am Steinweg kämpft darum, daß sein Lokal weiter eine Nachtkonzession erhält.

von Jürgen Lauterbach

Zum Jahresbeginn verlängerte das Marburger Ordnungsamt die Nachtkonzession für die Tanzkneipe „Slot" nicht mehr, die bis Ende 1994 statt bis 1 Uhr bis 2 Uhr oder an Wochenende bis 3 Uhr morgens geöffnet hatte (wir berichteten).

Anlieger des Steinwegs hatten sich bei der Stadt über die fortwährende und außergewöhnlich hohe Lärmbelästigung zu nächtlicher Stunde beschwert. Als Hauptproblem gilt, daß Lokalbesucher sich nachts vor der Kneipe versammeln und Krach schlagen.

Das Ordnungsamt reagierte: Seit 1. Januar 1995 muß das „Slot" täglich um 1 Uhr schließen. In einer Unterschriftenliste, die vorigen Freitag im Parlament Oberbürgermeister Dietrich Möller überreicht bekam, sprechen sich rund 2 000 Unterzeichner und Gäste des „Slot" gegen diese Einschränkung aus, berichtet Lokalbesitzer Wolfgang Richter. Sie verweisen darauf, daß das nächtliche Unterhaltungsangebot in der Studentenstadt Marburg ohnehin sehr mager sei.

Kneipen-Unternehmer Richter möchte die Einschränkung nicht hinnehmen. Seit das Lokal um 1 Uhr schließen muß, erreiche das „Slot" an Wochenenden nur noch 30 Prozent des vorherigen Umsatzes – dies sei unternehmerfeindlich und widerspreche der angeblich wirtschaftsfreundlichen Politik in Marburg, von der Oberbürgermeister Möller häufig spreche.

Vier seiner studentischen Mitarbeiter habe er entlassen müssen, die übrigen leisteten „Kurzarbeit". Es treffe also auch Bürger, die sich durch einen solchen Job ihr Studium mit finanzieren.

Drinnen wird getanzt und draußen, was das Hauptproblem in Sachen „Slot" am Steinweg ist, machen Lokalbesucher, die sich vor der Kneipe versammeln, nicht selten Krach, was natürlich die Anwohner stört. *Foto: Roland Schmellenkamp*

Richter hat mit Hilfe seines Anwalts Rechtsmittel gegen die Entscheidung des Ordnungsamtes eingelegt, so daß sich zunächst der Anhörungsausschuß der Stadt mit dem Vorgang beschäftigen muß.

Richter erkennt eine „Ungleichbehandlung", da durchaus nicht nur Gäste des „Slot" die Lärmbelästigung verursachten. Auch andere Lokale seien länger als bis 1 Uhr geöffnet, doch werde die Belästigung stets nur auf das „Slot" zurückgeführt.

Der Gastronom erinnert außerdem an einen außergerichtlichen Vergleich Anfang der 80er Jahre. Er habe das damalige „Hard-Rock-Center" in der Leopold-Lucas-Straße vormittags geschlossen, weil Eltern von Schülern protestiert hatten: Das Lokal sei bei den Schülern der umliegenden Schulen ein beliebter Treffpunkt gewesen – auch zu Unterrichtszeiten.

Im Vergleich habe ihm die Stadt seinerzeit Nachtkonzession zugebilligt: für das inzwischen geschlossene „Wave" und eben das „Slot".

Gastronom Richter prüft derzeit ein neues Disco-Projekt. Im Industriegebiet Süd will er nach derzeitigen Plänen ein Grundstück mieten und dort eine neue moderne Großraum-Diskothek errichten.

Bühne und Ausrüstung sollen so gestaltet sein, daß dort auch Musikbands und Kabarettgruppen auftreten können. Zur Zeit werde das Finanzkonzept geprüft, läßt Richter wissen. Er möchte schnell handeln und sich gegebenenfalls bereits zum Sommer hin um eine Baugenehmigung bemühen.

In Gewerbegebieten gestattet das Baurecht der Stadt, eine solche Nutzung zulassen.

„Die Kneipe und der Krach" – so titelt die OP 1995.

die Lautstärke der Musik dezent, hieß es am Anfang. Die Umbauzeit hat nur einen Monat gedauert, dann konnte im April 1982 eröffnet werden. Der ehemalige Pächter Störmer war im Winter davor tödlich verunglückt. Der erfahrene Gastronom Richter bekam, ganz knapp vor einem anderen Bewerber, den Zuschlag der Brauerei.

Im unteren Teil der Kneipe blieb der legendäre Beatkeller erhalten. Hier durfte getanzt werden, wenn auch auf kleiner Fläche. Meistens tanzten die Frauen, die Männer standen drum herum Spalier und guckten zu. So einige kurze oder längere Beziehungen haben hier begonnen. An den Wochenenden war es brechend voll, manchmal bis zu 700 Menschen in den doch recht engen Kellerräumen. Schon am abschüssigen Gang zur Tanzkneipe drängelten sich die Gäste.

Es waren vorwiegend Studenten, die sich nach einem Kneipenabend hier zusammenfanden und schauten, „was noch so geht“. Am Dienstag, dem Indie-Tag, war auch immer viel los. Dann ging es bis zwei Uhr, denn der Wirt hatte eine verkürzte Sperrzeit gewährt bekommen. Und immerhin hatte das „Slot“ - und auch mehrere andere Kneipen im Bermudadreieck - an den Wochenenden bis drei Uhr geöffnet. Und das muntere Palaver setzte sich natürlich draußen weiter fort - ein Problem, was schließlich das Ende der Tanzkneipe bedeutete.

Die Anwohner fühlten sich Mitte der 1990er-Jahre belästigt und wollten die Störung ihrer Nachtruhe nicht mehr länger hinnehmen: Wegen des Krachs auf dem Steinweg, wegen Drecks und wegen wilder Pinkelei an die Hauswände sollen 50 Unterschriften gesammelt worden sein. Das Ordnungsamt war zuständig. Der Wirt suchte nach Kompromissen: keine Livemusik mehr, verstärktes Eingreifen der Türsteher, Lärmbegrenzer in der Musikanlage. Doch die Beruhigung des Steinwegs auf Kosten eines regen Studentenlebens könne eigentlich keine befriedigende Lösung sein. In einer Studentenstadt müsse man auch ausgehen können, meinte er, denn die Tanzgelegenheiten seien wahrlich in diesen Jahren rar in der Stadt geworden. In den frühen 1970er-Jahren konnte man noch in den „Postkeller“, ins „Charlies“ am unteren Steinweg, ins „Scotch“, ins „Tiffanys“ und in die „Tangente“ in der Elisabethstraße.

Das Ordnungsamt stellte sich damals jedoch auf Seiten der Anwohner. Und obwohl Richter eine Liste mit mehr als 2000 Unterschriften an OB Möller überreichte: Das „Slot“ musste Anfang 1995 um ein Uhr schließen, gnadenlos. Der Wirt suchte rasch nach neuen Orten und wurde fündig im Gewerbegebiet am Stadtrand. Die Innenstadt ist seither tanzfreie Zone.

Vom „Delirium“

„Sehr schöne Kneipe für den letzten Drink“ - so beschreibt es eine Studentin auf einer aktuellen Bewertungsplattform. Und das war schon immer so.

Es hat schon viel früher begonnen als viele ahnen, das Nachtleben tief unten im Steinweg. Schreiner Heyden hat schon 1950 damit angefangen, den Keller auszubauen und eigens dafür Möbel zu bauen, schlicht und ohne Schnickschnack. Er war ein ausgemachter Jazzfan und hatte schon in den 1950er-Jahren eine ansehnliche Plattensammlung mit neuester Jazzmusik.

„Café Heyden“ nannte er den Laden, aber Kaffee trank hier eigentlich niemand, vielmehr Flaschenbier. Er bestand aus einem schlauchartigen Raum und ein paar winzigen Nebenräumen. In einem davon wurden, wenn Heyden Zeit hatte, Brote geschmiert und mit Ei belegt oder Würstchen mit Ketchup und Currypulver zubereitet. Aus dem hinteren größten Zimmer, kaum 20 Quadratmeter groß, kam die Musik: Eine vom Schreiner selbst gezimmerte Truhe, in der Tonbandgerät und Bänder Platz fanden, ebenfalls selbst aufgenommene Platten.

In den 1950er-Jahren war der Raum jeden Abend bis zum letzten Platz gefüllt, sodass man sich bei ohrenbetäubender Musik leicht

Werbung in den 1950er-Jahren für das „Café Heyden“.

Theke mit Jesus-Bild.

näherkam, so wie 1958 ein junger Doktorand der Physik und eine Studentin der Pädagogik und Psychologie. Es waren Lothar Wallek und Ulrike Meinhof, die Jazz und das Feiern liebten. Die burschikose Studentin mit Kurzhaarfrisur und zuweilen Pfeife rauchend plante mit ihm ihre gemeinsame Zukunft, sie verlobten sich. Die Zukunft sah aber ganz anders aus. Ulrike trennte sich schon bald von ihm und lernte bei dessen Besuch in Marburg (an der Dammmühle, ganz idyllisch, im Hintergrund kein Jazz, sondern romantische Schlagermusik) ihren späteren Ehemann, den Verleger Klaus Rainer Röhl, kennen. Ihr Leben nimmt einen völlig anderen, nicht nur für sie dramatischen Verlauf.

Heydens Bierbar wurde – und ist es auch geblieben – in den frühen 1970er-Jahren zum „Delirium“. Hier war's immer voll und eng, die Atmosphäre locker, das Bier günstig und auch in Literkrügen zu bekommen. Die damals aktuelle Rockmusik untermalte das Geschehen. Als 1973/1974 eröffnet wurde, war die Einrichtung noch sehr gemütlich plüschig, mit samtigen durchgesessenen Sofas aus früheren Zeiten in der Ecke am Fenster, mit Blick zum Pilgrimstein. An der Wand Plakate mit Jugendstilmotiven. Die Sofas verschwanden nach ein paar Jahren und wurden abgelöst von schlichten Holzbänken mit strapazierfähigen Polstern, einfacher zu reinigen halt. Von den biblisch-kitschigen Motiven der Bilder, wie dem Schutzengel, der ein Kind über die Brücke geleitet, wie sie in den 1970er-Jahren nicht nur im Schlafzimmer mancher Großeltern hingen, sondern auch in so mancher WG, blieben mehrere bis heute, nicht nur in der Erinnerung.

Eine Freundin denkt noch immer an Abende im „Delirium", wo sie sich manchmal aus Langeweile, während die Jungs am Tisch große Reden schwangen und die Welt erklärten, in das Bild mit dem Mädchen im blauen Kleid träumend vertiefte. Das Mädchen auf dem Bild war die Tante von Uwe, dem Wirt. Am Eingang hängt noch immer eine Jesusdarstellung hinter Glas, heute mit ein paar Macken, und direkt daneben ein Plakat: die Blues Brothers lassen grüßen.

Etwas Außergewöhnliches hatte das „Delirium" in den Anfangsjahren zu bieten: In Dauerschleife liefen alte Filme in 8-mm-Technik, die aber nicht besonders intensiv wahrgenommen wurden. Ein filminteressierter Student, frisch in Marburg, war eher enttäuscht, er hatte etwas mehr erwartet als „Dick und Doof".

Ein bisschen schmuddelig mutete es immer schon an, Tische und Theke leicht klebrig, die halbhoch mit Holzlatten getäfelte Wand in unauffälligem Braungelb, die Toiletten in einem winzigen Verschlag am Eingang gewöhnungsbedürftig - immerhin für Männer und Frauen getrennt. Und die Besucher des „Frazzkellers" durften sie später mitbenutzen. Wenn heute in den Bewertungen der sozialen Medien Begriffe wie „abgewohntes Ambiente", „schäbige Absteige", „eigentlich nicht bewertbar, aber KULT" auftauchen, so überwiegt eindeutig das Kultige, der besondere Charme des leicht „Ranzigen". Die Ansprüche an Hygiene waren von jeher eher niedrig. Wenn einem die Gläser zu klebrig waren, trank man eben Flaschenbier. Viele Sorten sind auch heute im Angebot. Man ging ja los, um Leute zu treffen, zu reden, manche Männer um „Frauen anzumachen", ganz eindeutig. Aber auch die jungen Frauen wollten schauen, „was geht".

Und in den 1970er-Jahren redete man sich die Köpfe heiß, wie die Welt zu verändern sei, ob man alles sozialisieren wolle oder nicht, ob Revolution oder Gang durch die Institutionen. Ganz klar, das ging zu später Stunde noch viel besser und heftiger als im Seminar am Nachmittag, und das Bier löste Zungen, machte Mut und manche noch geschwätziger.

Und selten gab es in diesem kleinen Raum auch Livemusik: Die legendäre Mick-Schwarz-Band hatte hier ihren grandiosen ersten Auftritt vor unglaublichen über hundert Leuten. Ein halbes Jahr hatten sie dafür ihre Covernummern von Grateful Dead oder den Allman brothers geübt und standen auf der Bühne am Balkon. Ihr Repertoire ist bis heute beständig geblieben. Die Auftrittsmöglichkeit hatte sich auch ergeben, weil Mick im „Delirium" in dieser Zeit quasi zuhause war. Es war die Zeit, als seine Kommilitonen, die wie er das „Orchideeenfach" Japanologie studierten, hinter dem Tresen standen. Überhaupt: Wer bediente, der bestimmte die Stimmung im Laden. Die Bedienungen trugen das „Delirium", so wie zum Beispiel Volker, der so was wie eine Vaterfigur für viele Gäste war - und fest angestellt. Hinterm Tresen standen eigentlich immer nur Männer bzw. meistens aus Platzgründen nur einer.

Uwe, eigentlich Jurist, sorgte gut für seine Angestellten, kümmerte sich um sie. Umgekehrt empfanden die ihre Arbeit fast als Berufung. So wie Kathleen, die schon als Schülerin viele Arbeiten in der Kneipe übernahm: vom Putzen über Bedienen, Speisen zubereiten (im „Frazzkeller"), Kasse machen, die Bestellungen annehmen bis zum Nähen neuer Sitzbezüge für die schäbig gewordenen Bänke. Uwe schenkte seinen Leuten großes Vertrauen, eine Registrierkasse gab es nicht.

Genauso wichtig waren ihm die Gäste und deren Wohl. Er achtete etwa darauf, dass Gäste, die schon zu viel getankt hatten, nicht noch mehr ausgeschenkt bekamen – dazu wies er sein Personal an. Es sollte keiner abstürzen, was sicherlich trotzdem vorkam. Aber der Wirt hatte sein Bestes gegeben. So gab es auf der Karte auch immer ein nichtalkoholisches Getränk, das billiger war als ein kleines Bier. Deckel machen war erlaubt und üblich und deutete die soziale Ader des Wirts an. Er blieb gnädig und großzügig, auch wenn auf manchem Deckel hohe Beträge notiert waren. Er gewährte solchen Gästen dann oftmals doch noch ein Bier, damit sie bleiben konnten und den Abend nicht einsam verbringen mussten.

Das „Delirium" war für manche das Wohnzimmer für den Abend. Viele blinde Gäste aus der Blista kamen regelmäßig, wie überhaupt die meisten Gäste Stammkunden waren. Das schaffte wohl die sehr familiäre Atmosphäre: der freundliche Wirt und die Bedienungen, die alle kannten, die kamen, die aber auch Fremde willkommen hießen. Am frühen Abend war selten was los, das fanden auch die Bedienungen eher unangenehm. Aber so ab neun Uhr brummte der Laden. Dann machte die Arbeit richtig Spaß, wenn während des Semesters die Gäste manchmal in zwei Reihen vor dem Tresen standen. Und das bis spät in die Nacht, denn das Delirium hatte eine Nachtkonzession und am Wochenende bis drei Uhr geöffnet. Wenn es gar zu laut wurde, kam der überaus tolerante alte Hausbesitzer, Schreiner Heyden, der die Etage über der Kneipe bewohnte, in Schlappen und Schlafanzug runter und rief: „Ruhe jetzt mal!", was anscheinend auch Wirkung zeigte.

Weihnachten wollte der Wirt mit der Familie feiern, aber ein paar Jahre lang wurde der „Frazzkeller" doch aufgeschlossen, ganz unweihnachtlich von einer der Bedienungen, die sich nichts sehnlicher wünschte als der bürgerlichen Weihnachtsidylle zu entfliehen. Damit war sie nicht allein: Hauptsache weg von zuhause und bloß nichts Festliches, das wünschten sich viele! Man wollte einfach nur die Kneipe, wie immer. Events, die gab's weder im „Delirium" noch im „Frazzkeller". Wozu auch?

Bis heute gibt es im „Delirium" ein merkwürdiges Spezialgetränk, an dem man nicht vorbeikommt. Bei vielen bleibt es beim einmaligen Probieren ... Die Rede ist vom „Rostigen Nagel", grausam scharf und eigentlich eklig, aus einem Ingwerschnaps, gut gewürzt mit Tabasco. Nach ein paar Gläsern dieses teuflischen Gebräus wird einem zwangsläufig übel. Für manche jungen Kneipengänger gilt sein Genuss quasi als Initiationsritual im Kneipengeschehen.

Über 40 Jahre war die doppelte Kneipe in einer Hand. Der Wirt ist vor Kurzem verstorben, eine Angestellte hat übernommen.

Hinab in den „Frazzkeller“

Links runter am Eingang ging's in den 1960er-Jahren in den Jazzkeller, wo gelegentlich Liveauftritte waren. Es war der erste Jazzclub in Marburg, bevor er sein „Domizil“ in der Engen Gasse fand – und später in der „Cavete“ gegenüber.

Ein paar Jahre danach konnte man sich hier unten im „Hühnerstall“ frisch gebratene halbe oder ganze Hähnchen holen, während man sich oben in der „Heyden Bierbar“, die in den 1960er-Jahren von Horst und Harald, einem schwulen Paar, betrieben wurde, dem Durstlöschen widmete. Die beiden Pächter verlegten sich danach ganz auf die Hähnchenbraterei, den Imbisstrend der 1960er-Jahre. In der Biegenstraße und im alten Kurhaus in der Marbach eröffneten sie Grillrestaurants.

Eine Weile stand die Kellerkneipe danach leer, bis der „Frazzkeller“ seine Tür öffnete, der erst einmal vom Dunst der gebratenen Hähnchen befreit werden musste. „Frazzkeller“, der Name war eine Reminiszenz an den alten Jazzkeller, obwohl hier nie mehr Jazz zu hören war, und eine Wortschöpfung, die auch das (Fr)Essen beinhaltete. Die Einrichtung war äußerst schlicht, günstig, aber sehr kreativ recycelt: In die Theke waren Autoteile verbaut, Teile von Stoßstange und Scheinwerfer. Für die Deckenlampen hatte man Rührschüsseln aus Plastik in verschiedenen Formen verarbeitet, alle sehr schön in Orange.

Hinter dem Tresen im „Frazzkeller“: Aufkleber aus Jahrzehnten.

Meistens war es sehr voll und total eng. Und wie oben im „Delirium“ kam es immer drauf an, wer am Abend gerade bediente. Das entschied auch über die Musik, die gespielt wurde. Manch einer vom Thekenpersonal brachte seine BAP-Kassetten mit, andere Folk-Musik, Rock natürlich und einige auch richtig guten alten Blues. Für einen der damaligen Stammgäste war das ein wichtiger Grund, herzukommen, trotz ausgeschenktem Gießener Bier, an das man sich aber auch irgendwie gewöhnen konnte. Hier konnte man mal so richtig laut Blues hören. Manche beschwerten sich auch über die aufgelegten Platten: Zwei frauenbewegte Studentinnen konnten es nicht ertragen, wenn „Jeannie“ von Falco gespielt wurde – da gab's dann richtig Zoff. Manchmal wurde hier unten sogar getanzt.

Das Bier war gar nicht so übel, denn der Wirt, der freundliche und großzügige Blues-Freund Uwe und seine Bedienungen legten großen Wert darauf, dass es gut gezapft war und die Leitungen ordentlich gereinigt wurden. Besagter Stammgast kam über Jahre jeden Abend und saß von neun Uhr bis ein Uhr mit einem festen Partner auf einem festen Platz, der „Loge“. Das war ein kleiner Tisch in der Ecke mit guter Übersicht über das, was passierte. Er musste ihn frühzeitig besetzen und lud zu späterer

Heute ohne Stullen: An der Theke im „Frazzkeller“.

Stunde immer auch andere zum Quatschen und Trinken ein. Getrunken wurde natürlich in erster Linie Bier, gern aber auch noch ein Apfelkorn. Und es wurde geraucht, wie überall. Mit zehn Mark war man am Abend dabei: So viel kosteten vier Gläser Bier und eine Schachtel Zigaretten. Wer sich danach auf den Weg nach Hause machte, war durchaus leicht oder auch mal schwerer angetrunken. Man ging aber nicht hierher, um sich „abzuschießen". So etwas passierte dann eher zu noch späterer Stunde im „Altkeller" oder dem „Schwarzen Wal".

Herausragend waren auf jeden Fall die Speisen - sehr günstig und offenbar lecker. Manche Gäste kamen nur deswegen: die guten Lieblingsstullen mit Schinken und Ei für eine Mark zwanzig, köstliche überbackene Toasts mit Ananas oder Spargel und Pilzen. Sie wurden in einer winzigen Küche zubereitet, die eher einer kleinen Kammer glich - es hat funktioniert und war beliebt. Es gab sogar diverse Salate, die allerdings nicht vor Ort gewaschen werden konnten. Im „Knubbel" in der Weidenhäuser Straße stand die Küche leer, und Wirt Uwe nutzte sie zur Vorbereitung der Speisen. Hier wurde z. B. Kraut für den Krautsalat geschnitten, das Uwe dann mit dem Auto in die Oberstadt brachte. Die Küche, gleich rechts von der Theke, war ein so kleiner Raum, dass gerade einmal eine Person - und es waren in der Küche nur Frauen - darin Platz hatte und die kleinen Gerichte zubereiten konnte.

Die Theke war immer in Männerhand, auch am Tresen hatte nur einer Platz und das war meistens nicht der Wirt, sondern seine zum Teil legendären Mitarbeiter. Eines der unvergessenen Originale war (ein anderer) Volker, der von 1978 bis 1984 vor allem an den Wochenenden arbeitete: Der Herr trug immer Schwarz und machte makabre Scherze. Er forderte Höflichkeit von seinen Gästen, hielt sie an, „Guten Abend" zu sagen, sonst „gibt's nix". Seine Musikvorliebe war „Roxy Music". Wenn man am Eingang „Love is a drug" hörte, wusste man, wer am Tresen stand. Auf Wunschkonzerte ließ er sich nicht ein.

Der Laden war ab 22 Uhr oft so voll, dass die Tür nicht mehr zu ging. Das Publikum war immer sehr gemischt, vom Alter, von den unterschiedlichen Szenen und Gruppen, auch viele Blinde gehörten zu den Gästen. Nie hätte es eine Schlägerei gegeben, betont der ehemalige Kneipenmitarbeiter, der von sich behauptet, ein gutes Bauchgefühl gehabt zu haben, was seine Gäste anging, und auch eine gewisse Autorität. Und das, obwohl er selbst am Abend gern mal eine Flasche Schnaps trank, die er mit Apfelsaft mischte, und ab und zu von diesem selbst gemachten Apfelkorn auch einen ausgab.

Nur einmal wurde ihm richtig mulmig und er brauchte Hilfe: Als sich ein unbekannter Gast auf den Barhocker setzte, ging dessen Jacke auf und legte den Blick frei auf ein Holster mit Pistole. Im „Frazzkeller" gab es kein Telefon, und so machte sich Volker bei den anderen Gästen unauffällig bemerkbar. Er hielt sie an, nach oben ins „Delirium" zu gehen und von dort die Polizei zu verständigen. Tatsächlich wurde der Mann kurze Zeit später festgenommen. Seine Jacke entpuppte sich als größeres „Waffenarsenal", und er selbst soll ein Polizist gewesen sein, was aber vielleicht nur ein Gerücht war.

Jazz in der Oberstadt: „Domizil“ und „Cavete“

Im „Caveau“ hat's mit Dixieland angefangen – oder war's doch schon bei Schreiner Heyden im Keller? Im „Café Heyden“, wo eher andere Getränke ausgeschenkt und keine beschauliche Kaffeehausmusik gespielt wurde, probten in den 1950er-Jahren im Keller ein paar Marburger Jazzer. Doch sie suchten ein eigenes Lokal. Pete Schmidt, welterfahrener Trompeter, Vibraphonspieler und Vertreiber von Fender-Gitarren, fand in den Kellerräumen eines Hauses der Wettergasse eine Bleibe – seinen Jazzkeller, den er eigenhändig inklusive Theke ausbaute. Die Eröffnung erfolgte an Silvester 1957/1958.

Der Eingang in der Engen Gasse lag fast verborgen, ein Geheimtipp für Mitglieder im Jazzclub und andere Eingeweihte. Wann das nächste Livekonzert stattfand, erfuhr man nur in der Kneipe selbst, außerhalb wurde keine Werbung gemacht. Die Jazzfans erkannte man in den frühen Jahren optisch an der existentialistisch schwarzen Kleidung – Rollkragenpulli, Sakko, manche Pfeife rauchend. Viele junge Frauen trugen noch Petticoats. Die Gäste, bunt gemischt, waren eher bürgerlicher Herkunft, viele Studenten, auch linke. Es sollen gar SDS-Sitzungen im Keller stattgefunden haben. Modern Jazz war anfangs angesagt, bloß kein Dixieland oder Beatmusik!

Als sich Pete mehr der eigenen musikalischen Karriere widmen wollte, übernahm ein Trio um Claus Schreiner, von dem Erwin „Ebs“ Deinert Mitte der 1960er-Jahre übrig blieb. 30, höchstens 40 Leute hatten Platz im Laden, der spärlich beleuchtet und sehr speziell dekoriert war, z. B. mit einem echten Totenschädel und einem Teppich hinter der Theke, sodass sich der Wirt auch mal bequem anlehnen konnte. Es war eng, die Böden waren schief und wenn ein Barhocker kippte, fiel der nächste gleich mit.

Dreimal die Woche hatte das „Domizil“ geöffnet, von außen sichtbar durch das aufgeklappte Schild. Livemusik gab's einmal wöchentlich im kleinen Raum mit Bühne, wo Schlagzeug, Klavier und Verstärker auf immer wechselnde Musiker warteten. Diese Jamsessions bestritten nicht nur lokal bekannte Marburger wie Buschi Niebergall, der später mit Albert Mangelsdorf und Manfred Schoof auf der Bühne stand, oder Antony aus Gießen, ein amerikanischer Trompeter – immer ohne Gage. Profis nutzten den Raum zu Übungszwecken. Wer Jazz liebte und selber machen wollte, der war im Domizil richtig.

An manchen Abenden wurde es richtig spät, und bei Feten wurde sogar getanzt, obwohl die meisten nur dezente Bewegungen machten wie Fußwippen. Entscheidend war, wie lang der Wirt Lust hatte. Unermüdlich formulierte der Wirt die Aufforderung, der Gang müsse frei bleiben. Er war äußerst streng, auch dabei, wen er in den Laden ließ. Einmal war das eher peinlich: Volker Kriegel, der zu einem Konzert in Marburg war, kam nicht mehr rein, weil der Laden schon zu voll war. Direkt vor ihm schloss Ebs die Tür, da war er unerbittlich.

Die Musiker der Jazzszene suchten weiter nach geeigneten Räumen für ihre Treffen, zum Proben und für Konzertveranstaltungen. Die Jazz-Initiative hatte sich in den 1970er-Jahren formiert, als ein Verein mit dem Ziel, gute Musik zu Gehör zu bringen und selber zu machen. Das Marburger Gründungsfestival der Union Deutscher Jazzmusiker 1973 sorgte für eine Initialzündung, obwohl in dieser Zeit eher Rockmusik angesagt war.

Die „Cavete“ hatte gerade im großen Haus am Steinweg aufgemacht. Der Gitarrist Roman Klöcker jobbte am Zapfhahn und bekam das Angebot, die Kneipe zu übernehmen – ein Geschenk des Himmels für die Marburger Jazzer! Die „Cavete“ mit ihrem Gewölbekeller entwickelte sich von nun an zusammen mit der Jazz-Initiative zu einem der angesagtesten Jazzclubs in Deutschland, ja Europa. In den 1980er-Jahren konnte man auf kleiner Bühne große Musiker wie Chet Baker hören, nicht nur einmal John Scofield, Larry Coryell zusammen mit Alphonse Mouzon und viele andere. Brian Auger habe ich in den 1990er-Jahren im engen Keller gesehen, und gerade die Nähe zu den Künstlern machte die Konzerte zu ganz besonderen Erlebnissen. Wenn dann etwa Archie Shepp total stoned war und nach der Pause dasselbe noch mal zum Besten gab, war das einmalig. Hier in der „Cavete“ wurden junge Nachwuchskünstler quasi entdeckt, so wie ein in den 2000er-Jahren noch unbekannter Michael Wollny. Und natürlich auch lokale Jazzer konnten und können ihre Talente zeigen. Manche machen das seit Jahrzehnten, wie auch Roman Klöcker selbst, der heute mit der Barrelhouse Jazzband auftritt, oder der geniale Michael Sagmeister mit seiner ungeheuren Fingerfertigkeit und Virtuosität. Sie sind Marburg irgendwie treu geblieben – nur wegen der „Cavete“.

mitgliedsausweis nr. 1967
jazz club marburg
ERWIN DEINERT
MBG-62
Friedrichstr. 11a

Der Jazzclub-Ausweis von Erwin Deinert.

Der Jazz ist offensichtlich auch für junge Leute noch attraktiv. Das merkt man jeden Montagabend, wenn junge und ältere Musiker in immer neuen Kombinationen bei freiem Eintritt in einer Jamsession zusammen auftreten. Es ist immer eine Überraschung für die Kneipenbesucher, wer mit seinem Instrumentenkoffer vorbeischaut, wer mit wem spielt – ein Zusammensein mehrerer Generationen in lockerer Atmosphäre. Wenn auch die junge Generation überwiegt, so sind die älteren Semester, ob Musiker oder Gäste, gern gesehen.

Antikapitalistische Praxis im „Havanna 8" ...

... So lautete eine der Maximen des Kneipenkollektivs, ein hoher Anspruch. Im Alltag als Gast hat man so viel davon auch nicht gemerkt. Zwischen 1985 und 1989 war auch ich öfter mal hier. Es war die Zeit der lokalen Hausbesetzungen, wie im Marbacher Weg, später der Kampf ums Biegeneck, als eine ganze Marburger Häuserzeile inklusive altem Fabrikgelände, Schlachthof und historischem Hallenbad dem Erdboden gleichgemacht wurde. Das ist eine andere Geschichte, doch bot dieser Konflikt reichlich Zündstoff und trug zur Politisierung bei, besonders in der undogmatischen Linken. Das „Havanna" bot den Raum für heiße, ausgiebige Diskussionen. Aber auch für Spaß und gemeinsames Trinken unter mehr oder weniger Gleichgesinnten. In den Jahren 1985/86, gleich nach Eröffnung, wurde das Havanna zum Haupttreffpunkt der autonomen Szene. Die meisten Jungs trugen schwarze Lederjacken.

In der linken Szenekneipe trafen sich u. a. Gewerkschafter, studentische Fachschaften, antifaschistische Gruppen, hielten hier ihre Sitzungen ab, diskutierten wie man (Gegen-)Demos auf die Beine stellt oder organisierten Schlafplätze. Rechten Burschenschaftern war das Havanna ein Dorn im Auge. Sie wurden ebenso wie Nazis nicht reingelassen. Auch Evangelikale und „Bullen" hatten generell Hausverbot.

So einfach war das mit der antikapitalistischen Kneipenidee allerdings nicht. Viele Steine lagen im Weg, am Anfang und am Ende sowieso,

Eingang zur „Cavete".

Jazz im Gewölbe.

Die Speisekarte des „Havanna“ ...

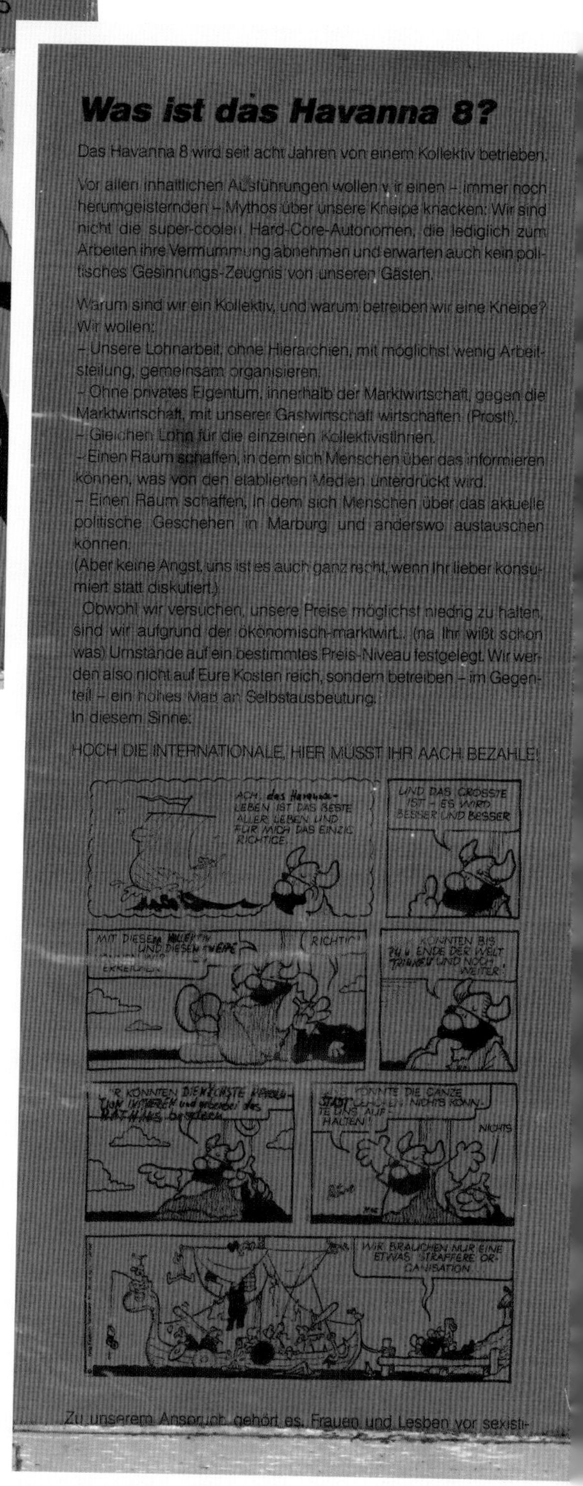

Was ist das Havanna 8?

Das Havanna 8 wird seit acht Jahren von einem Kollektiv betrieben.

Vor allen inhaltlichen Ausführungen wollen wir einen – immer noch herumgeisternden – Mythos über unsere Kneipe knacken: Wir sind nicht die super-coolen Hard-Core-Autonomen, die lediglich zum Arbeiten ihre Vermummung abnehmen und erwarten auch kein politisches Gesinnungs-Zeugnis von unseren Gästen.

Warum sind wir ein Kollektiv, und warum betreiben wir eine Kneipe? Wir wollen:
– Unsere Lohnarbeit, ohne Hierarchien, mit möglichst wenig Arbeitsteilung, gemeinsam organisieren.
– Ohne privates Eigentum, innerhalb der Marktwirtschaft, gegen die Marktwirtschaft, mit unserer Gastwirtschaft wirtschaften (Prost!).
– Gleichen Lohn für die einzelnen KollektivistInnen.
– Einen Raum schaffen, in dem sich Menschen über das informieren können, was von den etablierten Medien unterdrückt wird.
– Einen Raum schaffen, in dem sich Menschen über das aktuelle politische Geschehen in Marburg und anderswo austauschen können.
(Aber keine Angst, uns ist es auch ganz recht, wenn Ihr lieber konsumiert statt diskutiert.)
Obwohl wir versuchen, unsere Preise möglichst niedrig zu halten, sind wir aufgrund der ökonomisch-marktwirt... (na Ihr wißt schon was) Umstände auf ein bestimmtes Preis-Niveau festgelegt. Wir werden also nicht auf Eure Kosten reich, sondern betreiben – im Gegenteil – ein hohes Maß an Selbstausbeutung.
In diesem Sinne:

HOCH DIE INTERNATIONALE, HIER MUSST IHR AACH BEZAHLE!

Zu unserem Anspruch gehört es, Frauen und Lesben vor sexisti-

... mit politischem Statement.

viele Auseinandersetzungen fanden statt, untereinander und mit der Außenwelt, die zwar auch gewollt waren, aber anstrengend für die Beteiligten auf jeden Fall. Vor Eintritt ins Kollektiv wurde die Kollektivfähigkeit der Einzelnen überprüft, der „Stallgeruch“ musste stimmen. Manche im Kollektiv waren eher mit politischen Aufgaben beschäftigt, wie etwa der Unterstützung der Bunten Hilfe, andere standen mehr am Tresen. Jeder sollte gleiches Entscheidungsrecht haben, man wollte selbstbestimmt und bedürfnisorientiert arbeiten. Jede Woche montags wurde der Dienstplan festgelegt: Alle sollten alles machen und gemeinsam entscheiden.

Vorgängerkneipe war das „Lahntor“, eine bürgerliche Bierkneipe, in dem skurrilerweise Pagageien zuhause waren. Bei der Übernahme 1985 soll das Ursprungskollektiv über den Tisch gezogen worden sein, heißt es. Ein schlechter Start, aber das Kollektiv vom Buchladencafé unterstützte eine Weile. Eigentlich war die Miete viel zu hoch und die Auflagen der Brauerei ebenso. Es war ein Befreiungsschlag, als die Brauerei raus war; schon vorher hatte man Becks in Flaschen unterm Tisch verkauft. Wolfgang übernahm in dieser Zeit

Geschlossen: H8 forever!

die Buchführung und stellte fest, dass viel zu viel vom Kollektiv selbst verbraucht wurde und zugleich der Service zu wünschen übrig ließ. Man hatte die Kneipe nur nach eigenen Bedürfnissen geführt und erkannte schließlich, dass man, um wirtschaftlich zu überleben, dringend etwas freundlicher und kundenorientierter sein musste.

1987 wurde ein schwieriges Jahr, weil das Kollektiv wegen unterschiedlicher Positionen zur RAF zerrissen war. Ende der 1980er-Jahre kamen mehr und mehr Frauen dazu, so wie Angela, die 1989 ins Kollektiv einstieg und bis 1993 blieb. Sie hatte kurz zuvor im Kulturzentrum „Waggonhalle“ erste Kneipen-, Restaurant- und Kollektiverfahrungen gemacht. Die Idee der „Waggonhalle“ hatte sie mit Willi Schmidt und anderen auf den Weg gebracht.

Anfang der 1990er-jahre wurde die Kneipe zum ersten Mal erfolgreich. In der Zeit des Irakkrieges und der Auseinandersetzungen ums Biegeneck war richtig was los. Als nach einer Veranstaltung zum Biegeneck, wo sie die Position der städtischen Gremien verteidigten, der Grüne und spätere Bürgermeister mit einem Parteikollegen arglos im „Havanna“ einen Schoppen trinken wollte, empfand das das Kneipenkollektiv als Provokation und schmiss die beiden raus. Kahle akzeptierte, der Kollege regte sich damals mächtig auf. Trotz des Erfolges blieb die Kneipe, die sich als frauenfreundlicher, queerer, toleranter Ort bezeichnete, ein (Selbst-)Ausbeutungsbetrieb. Die Pacht und die Ausgaben waren immer hoch, die Einkünfte Hungerlöhne. Viele der Kollektivistinnen sind nach Berlin abgewandert.

Angela berichtet von heftigen Auseinandersetzungen in den späten 1990er-Jahren. Drei Frauen blieben vom Frauenkollektiv übrig. Und so konstatieren die beiden Ex-Kollektivisten zwar die jahrelangen großen Schwierigkeiten, sind aber der Meinung, dass es das „Havanna“ noch heute gäbe, wenn nicht der unverschämte Immobilienskandal dem Projekt den Garaus gemacht hätte.

An die 100 Kollektivisten und Kollektivistinnen waren in etwa 34 Jahren am „Havanna“ beteiligt. Im Frühjahr 2019 aber war endgültig Schluss mit der schönen Idee. Mehrfach war das Haus in kurzer Zeit verkauft worden, die Miete ums Doppelte gestiegen. Das Kollektiv legte Widerspruch ein. Kriminelle Immobilienunternehmer hatten wohl hier ihre Finger im Spiel, hatten Häuser untereinander hin und her verkauft: ein Skandal, der nicht nur das „Havanna“ böse traf.

Ein paar Unermüdliche besetzen die Kneipe kurzfristig einen Monat nach der Schließung: „Wir lassen uns unsere Kneipe nicht wegnehmen!“ Danach heißt es leider: „Havanna 8 geht ins Exil.“

26 Jahre in der Untergasse

Als Annette Anfang der 1980er-Jahren ihr Studium in Marburg begann, wollte/musste sie dazuverdienen, denn der monatliche Wechsel war knapp bemessen, und was bot sich Besseres an als ein Kneipenjob, wenn man sich ohnehin gern in Kneipen aufhielt. Sie kannte die Betreiber des kleinen – kurzlebigen – „Canari“ am Lahntor, die wie sie aus dem Ruhrgebiet gekommen waren, und stand direkt hinter der Theke. Das Kneipenleben hat sie von da an nicht mehr losgelassen.

Das „Delirium“ war ihre Stammkneipe gewesen, da war sie ein und aus gegangen, aber nicht hinter die Theke, wo nur Männer arbeiteten. Im „Twist“ hat sie lang und gerne, vor allem mit Christiane, gearbeitet. Und dann tat sich plötzlich in den 1990er-Jahren, als sie ihr Studium fast beendet hatte, etwas auf, das ihr weiteres Leben komplett bestimmen sollte. Sie jobbte damals in einem Möbelgeschäft, als das „U14“ zur Disposition stand. Der mit der „Destille“ sehr erfolgreiche Kneipier Axel hatte in der Untergasse mit dem „U14“ etwas ganz Neues, Schickeres versuchen wollen. Aus dem alten Imbiss der Metzgerei Hellmann, wo tagsüber schon Schnäpse über die Theke gingen, wurde das komplette Innere herausgerissen und eine Cocktailbar mit moderner Einrichtung entstand. Für den Wirt war diese aber offenbar nur kurze Zeit von Interesse, denn er wagte sich an ein noch ambitionierteres Projekt heran: die Übernahme des „Alten Ritters“ im unteren Steinweg mit gehobener Gastronomie, aber leider ungeübtem Kneipenpersonal. Es funktionierte nicht.

Auch der Hausbesitzer der Untergasse 14 hatte kein gutes Händchen mit der Kneipe und so stand sie kurz darauf leer. Eine schnelle Entscheidung musste her und Annette traf sie für sich, auch ohne ihren damaligen Partner. Von da an waren das „U14“ und Annette untrennbar miteinander verbunden.

Die neue junge Wirtin hatte ja schon Erfahrung und kannte viele Leute, die mit ihr in die Untergasse zogen. Im Zentrum der kleinen Kneipe saßen die Gäste (bis zum Ende), von dichtem Rauch eingehüllt, an der U-förmigen Theke. Die Barhocker besetzten meist männliche Gäste, an den wenigen Tischen trafen sich oft Grüppchen von Frauen. Das „U14“ lebte vom Stammpublikum, und die Theke war der Kommunikationsort. Wenn viele, die sich kannten, da waren, redete man nicht nur mit dem Nebenmann auf dem benachbarten Barhocker, sondern auch über die Tresen hinweg mit den Gästen auf der anderen Seite.

Mittendrin die nervenstarke Wirtin, die sich manchmal in Geduld üben musste beim Zuhören der Geschichten, auch der persönlichen Befindlichkeiten der Gäste, die nicht immer glücklich waren. Wenn sie heute zurückschaut, hält sie Frauen mit der größeren Fähigkeit zur Empathie für geeigneter in dieser Disziplin. Männer, so meint sie, ließen sich im Übrigen im Kontakt mit anstrengenden Gästen eher provozieren. Manch einer der männlichen Gäste versuchte sich ihr auch anders zu nähern - das war in den frühen Jahren öfter Thema als in der späteren Zeit. Ein, zwei Bier trank sie gern mal mit, auf spendierte Schnäpse aber ließ sie sich nicht ein. Man musste ja den Überblick behalten. Bedrohliche Situationen gab es wenige, und unter dem Tresen lag ja die große Taschenlampe, mit der man sich hätte wehren können. Nur zwei-, dreimal war Hilfe von der Polizei nötig, als eine Schusswaffe im Spiel war. Auf Dauer hat das der Kneipenfrau keine Angst gemacht, jeden Abend war sie die Letzte, die ging.

Aus Gästen wurden mit den Jahren mehr und mehr Freunde, man kannte die Lebensgeschichten, die Zustände und Probleme, man wurde miteinander alt, die Kneipe wurde zum Wohnzimmer, die Besucher zur Familie. Sogar an Silvester, diesem emotional besetzten Tag, an dem die meisten Kneipen der Oberstadt geschlossen waren, weil sie keine Lust auf massenhaft Betrunkene hatten, sperrte Annette die Tür auf und bot den einsamen oder anderswo geflüchteten Stammgästen einen Raum, ohne große Fete, aber mit kleinem Büffet, zu dem jeder etwas mitbrachte, und wenn's ein Glas Rollmöpse war. Ihre Gäste waren dankbar.

Annette stand mit wenigen Ausnahmen jeden Tag hinter der Theke, und das war ja nicht alles. Die Arbeit bestand auch aus Einkaufen, Schleppen, Saubermachen - alles enorm körperlich anstrengend und alles aus Leidenschaft, denn richtig Geld zu verdienen war mit so einer kleinen Kneipe nicht möglich. Eine Woche im Jahr blieb das „U14" geschlossen, dann gönnte sie sich einen kurzen Urlaub.

Corona hat die letzte Runde eingeläutet und dem „U14" den Garaus gemacht. Manchem der Stammgäste hat das den Boden unter den Füßen weggezogen. Auch wenn von den Behörden nicht gerade ein Lockdown angeordnet war, so war die geringe Größe der Kneipe Anlass, den Laden dichtzumachen. Von vier Gästen mit entsprechendem Abstand an der Theke kann niemand existieren. So kam es, dass die Wirtin schweren Herzen Abschied nehmen musste, von den Gästen, dem Raum, den Dingen. Die Madonna, die jahrelang ihren Platz in einer Wandnische dieses so gar nicht sakralen Raumes hatte, ist verkauft worden und einzig das Sparkästchen ist ihr als Erinnerungsstück geblieben. Alles andere wurde Opfer der Entrümplung und stapelte sich in der Untergasse.

Nach eins im „Schwarzen Walfisch“

„... und der Zeiten dann gedenken, da man Abend für Abend noch in den Walfisch gang und einen guten Schoppen trank ... Und mit lauter Stimme sang, bis Polente draußen stand und das ungebührlich fand.“ So erinnerte man sich in den 1950er-Jahren, bevor es richtig wild und politisch wurde.

Ganz in der Nähe der Alten Uni, fand man, zumindest als Jurastudent, zwangsläufig hinter dem „Alten Brauhaus“, wo das Bier damals so schön gezapft wurde, dass der feste Schaum eine Münze obenauf nicht einsinken ließ, den „Schwarzen Walfisch“, ehemals „Gasthaus zum Schlachthof“. Kurt Schönebeck und seine Frau betrieben die Kneipe, in der noch 1969 ein Bollerofen stand, der mit Kohle befeuert wurde. Schönebeck war vormals Kapellmeister gewesen, trug Krawatte und Sakko - sehr förmlich. Legendär war Wal-Uli, Ulrich Freitag, der viele Jahre als Kellner angestellt war. Er bediente unter der Woche mit Schürze und

Schwarze Walfisch“ am Pilgrimstein.

Werbung für den „Schwarzen Wafisch".

Kellnerjackett, war aber oft sturzbetrunken. Uli war auch mit einigen Gästen befreundet; wer ihn kannte und Schnaps bestellte, orderte gleich einen mehr – für ihn. Manchmal kippte er einen heimlich im toten Winkel hinterm Ofenrohr. Kartoffelsalat und Currywurst soll er auch schon mal über den Tresen geschmissen haben, da kannte er kein Pardon. Wochenends verdiente sich hier der Friseur Fritz Krumpholz aus dem Salon schräg gegenüber was dazu. Er guckte immer so streng und durchdringend durch seine Brille, was nicht böse gemeint war: Er schaute sich die jungen Männer nur besonders genau an.

Im „Walfisch" war vor allem nach ein Uhr was los, denn er hatte als eine der wenigen Kneipen eine Nachtkonzession. Hier wurde auch spät in der Nacht und vor allem reichlich alkoholisiert diskutiert, agitiert und auch mal geprügelt. Die Werbung mühte sich redlich, auch am früheren Abend Gäste anzulocken: „Auch vor ein Uhr mal in den Wal." Hier traf sich zu später Stunde alles: der SDS veranstaltete Marathondiskussionen, es kamen durchaus auch mal Burschenschafter oder gutbürgerliche Trinker, manchmal städtische Prominenz – ein sehr gemischtes Publikum. Da lag auch schon mal ein Professor in den Armen eines jungen Mannes. Es war halt meistens schon spät in der Nacht. Wenn Uli gar nicht mehr konnte, schmiss er auch um drei Uhr nachts die Gäste raus.

Doch meistens wenn Kurt, der Wirt, um fünf vor vier „Spanish Eyes" auflegte, wussten alle, was das bedeutete. Um halb fünf ging dann auch der Allerletzte. Wer jetzt noch nicht genug hatte, konnte den nächsten Schoppen des jungen Tages in Weidenhausen bekommen: Bäcker Karger war schon bei der Arbeit.

Den „Walfisch" gibt es seit einigen Jahren nicht mehr, heute heißt die Kneipe „Mocca" und erfreut sich weiterhin großer Beliebtheit. Die linksalternative Szene tummelt sich aber an anderen Stellen.

Vom „Gasthaus Reith" zum „Bolschoi": Abstecher in die Ketzerbach

Die (!) Ketzerbach beginnt unmittelbar dort, wo das frühere Bermudadreieck - oder eines der vielen - endet: am unteren Steinweg. Das ehemalige „Café Menz", heute „Gartenlaube", war berühmt-berüchtigt. Der Begriff „Café Hemd hoch" kursierte. Direkt in der Nähe vom „Club E", dem „Postkeller", „Charlies" und dem „Altkeller" machte die Wirtin auch spät den hungrigen Zechern was zu essen, was richtig Deftiges - ihre Rippchen mit Kraut müssen legendär gewesen sein. Der „Altkeller" hatte seinen Eingang gegenüber der Elisabethkirche und auch hier ging es bergab: Der Wirt hatte eine Nachtkonzession, demzufolge tummelte sich dort zu später Stunde eine heterogene Schar von angetrunkenen Nachtschwärmern. Es gab aber auch Gäste, die sich schon am frühen Abend in die dunkle Höhle begaben, auch Grüppchen junger Frauen. Immer wenn ihre Männer Dienst bei der Feuerwehr hatten, deren Wache am Ende der Ketzerbach war, trafen sich die Mädels auf einen Schoppen. Es wird erzählt, dass der schwule Wirt immer ein bisschen auf die Frauen aufgepasst haben soll. Und hinter der Theke gab's einen Notausgang zum Pilgrimstein, wenn mal jemand schnell verschwinden wollte. Da fallen manchen Gästen all ihre Sünden wieder ein.

Um die Ecke war noch der „Anker", wo man gut bürgerlich deftig speisen konnte, aber auch nur mal sein Bier trinken war erlaubt. Die Metzger aus der Nähe hatten ihren Stammtisch hier und samstags war immer Frühschoppen, schon als Jost Schmidt die Kneipe hatte.

In der „Bachquelle" auf der Ketzerbach gings dagegen etwas wüster zu. Hier war schon manch einer abgestürzt, nachdem ihm Wirtin Erika tüchtig eingeschenkt hatte. In den frühen Morgenstunden, wenn andere sich aus dem Bett quälten, um arbeiten zu gehen, wurde sich hier noch gekloppt - zum Ärger der Anwohner.

Eine ganz gediegene urige Kneipe war gleich nebenan das „Gasthaus zur Ketzerbach", früher in Besitz der Familie Reith. Hier gab's jeden Tag Mittagstisch, zu dem regelmäßig ein paar Ärzte kamen und ungefragt alles aßen, was man ihnen anbot. Die Auswahl war nicht sonderlich groß. Es wurde gegessen, was auf den Tisch kam. Manche machte sich lustig über das Menü - mal Frikadellen mit Senf, mal ohne. Die junge Serviererin, die nebenbei die Studentenzimmer putzte, war sehr zufrieden mit ihrem Nebenjob, obwohl sie manchmal mittags schon einen sitzen hatte: Die gastfreundliche Wirtin spendierte gern mal Fürst Bismarck für alle. Neben den Medizinern kamen aber auch Studenten, Pharmazeuten und viele Schüler der Blista. Freitags wurde mit den Blinden um die Wette gesungen. Wenn wie jedes Jahr auf dem Marktplatz Maieinsingen war, verschafften sich die - ehemaligen - Studenten, die dann zu Besuch in Marburg waren, erst mal eine ordentliche Grundlage. Und bedienen musste wie früher die gleiche Kellnerin. Das traditionell üppige Trinkgeld lockte.

Offenbar eine Besonderheit der Ketzerbächer Mentalität war das hier sehr beliebte Wetten: Einmal war es eine lebendige Sau, die jemand als Wetteinsatz mit in die Kneipe brachte, ein andres Mal wurde ein Sarg aufgestellt. Sehr einfallsreich und abenteuerlustig, die Ketzerbächer!

Und irgendwann, sehr viel später, um 1990, übernahm Günther den Laden - er und seine Kneipe wurden Kult! Ein sehr spezieller Wirt und eine außergewöhnliche Inneneinrichtung machten das Bolschoi dazu: Warum ausgerechnet „Keine Feier ohne Meyer“ an der emaillierten Außentür stand, bleibt ungewiss. Und groß (was der Name Bolschoi andeutete) war der Kneipenraum auch nicht, dafür sehr rot, farblich und politisch. Manche nannten den Laden „Rote Hölle“. An den Wänden hingen viele russische Devotionalien, Kitsch auf sowjetisch, ein kommunistisches Manifest, angenagelt. Der Raum sollte wohl eine abgetakelte Hotelhalle vorstellen.

Die Tür zum „Bolschoi“.

Und der Wirt, sehr eigen und äußerst launisch, ließ seine Stimmung auch mal an den Gästen aus. Jedenfalls hielt er nicht damit hinter dem Berg, wenn ihm etwas nicht passte. Wenn Günter Nein sagte, dann war das ernst gemeint, ob es um einen Musik- oder Getränkewunsch ging oder einer nun wirklich nichts mehr eingeschenkt bekam. Bei besonderen Wünschen der Gäste kannte er keinen Spaß. Bier und vor allem Wodka, das war die richtige Wahl, Biermischgetränke wie Radler verachtete er schlicht, da schüttelte er nur mit dem Kopf. Einen Wunsch nach so was wie Weinschorle verweigerte er vollends, schob stattdessen ein Bier über den Tresen. Und um Gottes Willen bloß kein Wodka-Mixgestränk! So war es am besten, gleich einen puren Wodka zu bestellen, da kannte er sich bestens aus und redete gern drüber, quasi seine Passion. Er hielt auch einige Sorten auf der Karte vor - manche aber hielt er unter Verschluss für besondere Momente. Die „Wodka-Orgel“, sechs Wodka in einer Reihe, war eine Spezialität des „Bolschoi“. Es gab allerdings auch Nächte, wo die Wodkaflaschen durch den Raum flogen. Kein Wunder, dass die Kneipe vor allem sehr spät besucht wurde.

Günther, der inzwischen verstorbene sehr spezielle Wirt, war in den letzten Jahren seines Kneipenlebens möglicherweise etwas überfordert, denn die Kneipe kam immer mehr runter. So wie seine Gesundheit. Während eines Klinikaufenthaltes machten sich ein paar Stammgäste an die Arbeit und renovierten seine Wohnung, die im selben Haus war - ein echter Treuebeweis.

Nachts in Weidenhausen: Im „Krokodil", ...

„In Marburg-Weidenhausen, nicht am Nil, da liegt das kleine Gasthaus Krokodil", schrieb Sepp Fischer um 1955 in die „gastronomischen Annalen" einer Gruppe ehemaliger Marburger Studenten. Wann die Kneipe ihren Namen bekam, ist unklar. Das „Krokodil" hinter der Theke hat wohl irgendwann einmal ein Gast mitgebracht, später.

Die Gaststätte muss es schon seit Anfang des vorigen Jahrhunderts gegeben haben. In den 1960er-Jahren ging die kleine Rosi öfter mal mit dem Vater dorthin, der dort sein Bier nach der Arbeit trank. Ab den 1970er-Jahren kam sie dann aber auch allein und mit Freundinnen. Aber allein war man als eingeborene Weidenhäuserin hier in der Straße sowieso nicht, alle kannten sich in der Weidenhäuser Vorstadt. Ins „Krokodil" kamen alle Generationen.

Conni Fischer, der eine Etage über der Kneipe wohnte und dort auch seinen Friseursalon hatte, war ein echtes Original. Erstaunlich, dass sich die Leute von ihm überhaupt die Haare schneiden ließen, denn Conni war die meiste Zeit ziemlich betrunken. Ihm kam die Nähe zur Kneipe sehr gelegen – und das ein oder andere Mal ging er auch gleich hier seinem Handwerk nach. Es kam durchaus vor, dass man auch halbseitig rasierte Herren das „Krokodil" verlassen sah. Obwohl die Zeit des Punks noch nicht in Marburg angekommen war, konnte man in Weidenhausen Irokesenschnitte sehen. Später auch mehr davon im Krokodil.

Sonst wurde, wie in einer richtigen Bürgerkneipe, wo alle hingingen, meistens Bier getrunken, palavert und auch gewürfelt. Freitags gab's Frikadellen und dazu tönte aus der Musikbox mehr oder weniger aktuelle Musik, meistens Schlager. Die Inneneinrichtung stammte, so erzählte ein Gast, aus einer irischen Kirche.

Von 1978 bis 1988 bewirtschafteten Filou und Lili die Kneipe. Da hing dann irgendwann auch das präparierte Krokodil über der Theke. Neben der Jukebox hing ein Geldspielautomat an der Wand neben einem kleinen Tisch in der Ecke, an dem immer dieselben vier Menschen saßen und den ganzen Abend am Automaten spielten.

Samstags kamen immer die Schröcker, die schon früher beim Karger nebenan gesessen und getrunken hatten. Damals waren sie noch Arbeiter in der Tabakfabrik Niderehe gewesen und hatten nach der Arbeit in Weidenhausen ihren Schoppen getrunken, um anschließend nach Schröck zu laufen. Ob sie das jeden Abend gemacht haben? Eher unwahrscheinlich. Im „Krokodil" in den 1970er-Jahren bevorzugten sie Asbach-Cola und mussten nicht mehr arbeiten. Eine ungewöhnliche Mixtur nahm ein Stammgast zu sich, der jeden Samstag und Sonntag zum ausgiebigen Trinken kam: WaCo, Wacholder-Cola. Er verabschiedete sich immer sturzbetrunken in die nahe Hahnengasse. Es kam vor, dass ein Gast, ein eigentlich starker Kerl, von einer jungen Weidenhäuserin in die Oberstadt begleitet werden musste, damit er heil nach Hause kam. Ein anderer Stammgast, ein „Kopfschlächter mit riesigen Händen", so erinnert sie sich, wurde im Auftrag des Wirtes aus einer anderen Kneipe von ihr „ausgelöst" und ins „Krokodil" gebracht.

Etwas frischer waren die Damen am Nebentisch: Schon in den 1970er-Jahren gründete sich hier ein Frauenstammtisch, der noch heute, allerdings in der Kneipe gegenüber, existiert. Im Hinterzimmer saß die DKP einmal die Woche, am anderen Tag die SPD. Politik wurde in fast jeder Marburger Kneipe gemacht ... und Nächte lang Doppelkopf gespielt.

Das ein oder andere Mal konnte man sich auch mitten in einer Prügelei wiederfinden. Besonders an Fasching ging es manchmal sogar blutig zur Sache. Ungerührt legte der Opa, Onkel Franz, Stimmungsmusik auf und die Mutter der Wirtin servierte Würstchen: „Wer kraacht dann noch ne Wurst", rief sie durchs Lokal. An den Faschingstagen waren auch die Weidenhäuser außer Rand und Band. Sieben Wagen fuhren im Rosenmontagsumzug 1979 allein aus Weidenhausen mit: Die Vereine waren dabei und auch das „Krokodil". Vor Kargers Kneipe tanzten die Mädchen von der Karnevalsgarde, auch die „Weidenhäuser Sprossen". Auf einem der geschmückten Wagen standen zwei der damals üblichen Blechmülltonnen, die tatsächlich für die Notdurft während des Umzugs gedacht waren. Sie durften auch von den Mädels der Tanzgarde benutzt werden – schwer vorstellbar, aber es muss wohl nötig gewesen sein. Der Weg durch die ganze Oberstadt war ziemlich weit und es war bitterkalt in diesem Jahr.

… beim „Bäcker Karger" …

Seit über 65 Jahre
KONRAD KARGER
Bäckerei und Gastwirtschaft
MARBURG/LAHN · Weidenhäuser Straße 34 · Ruf 2295
Die kleine gemütl. Gaststätte mit den gepflegten Getränken
Die Bäckerei der guten Backwaren
Stammtisch der „Gemeinde Weidengrün"

Karger – Bäckerei und Gaststätte.

Sein Hauptgeschäft war die Bäckerei, das blieb über Generationen so. Doch nebenbei betätigte sich der Bäckermeister Karger als Schankwirt gleich nebenan. Für die Not gab es sogar einen Fensterverkauf neben der Tür. Man erinnert sich an fünf Mark für einen Liter Bier. Bäcker Karger, der seltsam heiser nuschelte, trug immer zur Schürze eine Fliege, sein Markenzeichen. Wenn er in der Mittagszeit schläfrig wurde, gestattete er den Gästen, sich selbst zu bedienen und das Bier zu zapfen. Er war als streng bekannt und keiner hat es gewagt, ihn zu hintergehen und nicht korrekt abzurechnen. So machte er unbehelligt sein Nickerchen. Man konnte ihm das auch nicht verdenken, war er doch schon bei Nacht und Nebel aufgestanden.

Da in Weidenhausen viele Studenten eine günstige, sehr einfach Bude hatten, oft ehemalige Dachböden, Werkstätten oder sogar Ställe mit Klo auf halber Treppe oder im Hof, mit Ofenheizung, Wasser auf dem Flur (zum Baden konnte man ins Luisabad gehen, grad über die Lahnbrücke), blieb man auch gern zum Trinken im Kiez oder landete am Ende der Nacht wieder hier – und Karger hatte schon auf, was ein Segen. „Bei mir ist noch kein Student verdurstet", soll er gesagt haben, und angeblich gab's den ersten Schoppen für die Studenten umsonst. Sein studentisches Publikum machte ihn aber nicht nur glücklich. Sie würden immer mehr trinken, als in ihrem Portemonnaie Bares wäre, und es kämen immer mehr von ihnen, habe er geklagt.

Lieber hatte er an Fasching die Karnevalisten, die gern zu ihm kamen. Egal wer in die Kneipe kam, seine Lieblingsanrede war „Du Schoudekopp", in der Bedeutung von „Du Dummkopf". Das Licher vom Fass servierte er rustikal mit den Worten: „Da, ihr Schoude, habt ihr'n Schoppe!" Mehr herzlichen Charme hatte er selten zu bieten. Die Häufigkeit dieser Anreden hat ihm wohl auch seinen Spitznamen eingebracht: Manche nannten ihn selbst „de Schoude". Er nahm nie ein Blatt vor den Mund, sagte jedem seine Meinung. Dafür bekam man in Weidenhausen fast rund um die Uhr etwas zu trinken. Wenn das leicht anrüchige „Moulin Rouge" in der hinteren Weidenhäuser Straße seine Türen spät nachts schloss, war Karger nicht weit.

Auch ein anderer Bäcker hatte einen Schankbetrieb in der Straße: Bäcker Runckel. Rosi vergisst nie die unzähligen Kümmerlinge, die sie und ihre Freundin dort verabreicht bekamen. Die Freundin kam an diesem Abend nicht mehr bis nach Hause. In einem Erinnerungsbuch, quasi einem Kneipentagebuch, haben Kneipengänger der 1950er-Jahre ihre damaligen Kneipen wieder besucht und die Wirte präsentiert: „... da wohnt der gute Onkel Runckel, zu dem gehen wir auch wenn's dunkel, zu trinken ein Glas Bier oder Wein, es darf auch mal Wacholder sein."

… und am Ende ins „Moulin Rouge“?

In den späteren Jahren der Bar fragten einmal ein paar neugierige Frauen aus der Nachbarschaft, ob sie denn wohl mal die Räumlichkeiten besichtigen dürften. Anneliese, die Wirtin, eine attraktive Frau, die „was hermachte“ mit ihren blonden, hoch auftoupierten Haaren, eine richtige Bardame, zeigte ihnen bereitwillig alles: überall rosa Plüsch, kleine Nischen mit Vorhängen, üppige Wolkenstores – eine andere Welt. Das „Moulin Rouge“ war eine der wenigen Nachtbars in Marburg, eine Tanzbar, die auch Animierbetrieb war – oder war das nur Gerücht?

Das wirklich kleine Haus im hinteren Teil der Straße bewohnte die Familie des Eigentümers mit drei Kindern. Unten Barbetrieb, oben Familienleben. Den Sohn des Hauses hat das anscheinend nicht abgeschreckt, später in dieselbe Branche einzusteigen. Doch die Räumlichkeiten müssen recht beengt gewesen sein, denn manch einer fragte sich, ob es nicht oben noch ein Separeé gegeben habe? Das tragische Ende des Wirts und Familienvaters bleibt eher unklar. Eines Tages soll er aus dem Haus getragen worden sein. Hatte er sich etwas angetan oder war er einem Verbrechen zum Opfer gefallen? Für die Kinder war es gewiss nicht leicht, auch was ihre Stellung im Quartier anging.

Das kleine Fachwerkhäuschen war ein Ort, an den man als Weidenhäuser nicht ging bzw. nicht gehen durfte. Die kleine Rosi wagte sich höchstens mal dorthin, wenn sie dem kranken Klassenkameraden die Hausaufgaben bringen musste. Vor der Bar parkten immer viele auswärtige Autos, die Marburger hielten sich wohl zurück und die Weidenhäuser sollen Lokalverbot gehabt haben, prinzipiell und vorsorglich. Ein zugezogener (!) Ehemann soll einmal dort von der eigenen Gattin erwischt worden und beim Versuch zu flüchten im Fenster stecken geblieben sein.

Reizende Werbung für die Weidenhäuser Nachtbar.

Das „Moulin Rouge" in der 1970er-Jahren.

Ein anderer, auch nicht eingeboren, hatte schwer nervös versucht, während seine Frau in den Wehen lag, ein Bier im „Moulin Rouge" zu bestellen. Fast vergeblich. Der Wirt wollte ihm nur ein Gedeck ausschenken, also einen Schnaps dazu, was der angehende Vater partout ablehnte. Ein einzelnes Bier jedoch verweigerte ihm ebenso hartnäckig der Wirt, der sich nun anschickte, den Gast rauszuschmeißen. Er zog seine weißen Glacéhandschuhe an, die immer hinter der Theke lagen, damit er sich nicht schmutzig machte, und versuchte, den Gast mit vollem Körpereinsatz nach draußen zu befördern. Der weigerte sich standhaft und drehte kurzerhand den Spieß um. Ehe er sich's versah, stand der Wirt selbst draußen vor der Kneipentür und kam nicht rein. Im Innern soll der Gast von der Wirtin schließlich doch sein Bier bekommen haben - und der Wirt kam später auch wieder in sein Haus. Für den Gast bedeutete das natürlich Hausverbot. Als eine Weile später der Strom im „Moulin Rouge" ausfiel und besagter Gast als Mitarbeiter der Stadtwerke im Notdienst die Sache klären und reparieren wollte, blieb der Wirt stur: „Du kommst hier nicht rein, du hast hier Hausverbot!" „Dann bleibt's bei euch dunkel", konterte der Gast. Ob es tatsächlich in der Nacht dabei blieb, ist nicht überliefert.

Türkisch in Weidenhausen: Das „Schamdan"

Als Mithat damals 1985 die leer stehende Gaststätte übernahm, die früher einmal gutbürgerlich „Alt-Weidenhausen" hieß und wo es Haxen und Schnitzel gegeben hatte, war noch nicht klar, dass die Kneipe mal zum Weidenhäuser Wohnzimmer werden würde. Nicht alle im Stadtteil fanden es gut, dass ein Türke hier die Geschäfte übernehmen würde. Durchaus kontrovers waren damals die Reaktionen der Weidenhäuser Eingeborenen. Es soll gar Drohungen gegeben haben – allerdings einige Jahre später dafür auch Entschuldigungen. Keine einfache Anfangszeit. Doch die Jahre haben dann wohl die Wunden geheilt.

Schon kurz nach der Eröffnung, so als hätten alle darauf gewartet, standen die Gäste draußen vor der Tür Schlange. Und Mithat, eigentlich von Beruf Betriebsschlosser, entpuppte sich als große Wirtspersönlichkeit, der Küche und Tresen im Griff hatte und selber hervorragend kochte. Seine Kneipe entwickelte sich zum Treffpunkt von jungen Leuten und Alteingesessenen, Zugezogenen, Studenten.

Die Einrichtung wurde teilweise selbst gebaut: Die Tische in einer Mietschreinerei gefertigt, die Stühle waren gebraucht und wurden aufgemöbelt so wie die durchgesessenen hundertjährigen Sofas. Ein besonderes Raumaccessoire waren die bunten, bleiverglasten Tiffany-Lampen, vom Glasbläser Haller in der Oberstadt hergestellt, die heute immer noch ihr warmes Licht spenden. Die Wände hingen jahrzehntelang voller alter deutscher Filmplakate, wobei der Bezug unklar blieb. Es war eine der ersten Kneipen, wo man gepflegt türkische Speisen genießen konnte. Das Kebab kam nicht vom fertigen Drehspieß, sondern wurde tatsächlich vom Koch/Wirt selbst gemacht, mühsam mit der Teigmaschine aus Rindergehacktem geschichtet. Und das bei den Preisen in der Anfangszeit: Döner Kebab 4 Mark 50. An manchen Tagen 32 Portionen frisch gerollte Börek für 5 Mark. Der Laden brummte jedenfalls. Es war oftmals kein Durchkommen. Vor der Theke standen sie in Dreierreihe. Die Tische waren sowieso immer besetzt. Der hintere Raum mit dem alten Sofa für besondere Gäste lud auch mal zum Knutschen ein. Es gab Tage, da brauchte die Bedienung zehn Minuten, um einmal durch den Laden zu kommen.

Geöffnet: Das „Schamdan" 1985.

Einmal in der Woche wurde etwas Spezielles, meist Türkisches, gekocht, vom Chef natürlich! Und bis heute hält sich der Brauch, an einem Tag der Woche eine besondere Suppe anzubieten. Seit Jahrzehnten besonders beliebt ist die türkische Bauernsuppe „aus den tiefen Tälern Anatoliens“ mit Reis, Kichererbsen und Joghurt. Die Gewürze bleiben bis heute ein Geheimnis.

Der gut gelaunte Wirt des „Schamdan“.

Was das „Schamdan“ noch auf die Beine stellte, war eine sehr erfolgreiche Kneipenfußballmannschaft. So gewann der FC Schamdan 1995 beim Eisenbahnerturnier den vierten Platz. Der Wirt trainierte die Überraschungssieger von der Theke aus. Ein Jahr später waren sie nicht mehr zu bremsen und wurden Erster.

Kneipengeburtstag mit der Hausband „Screw Loose“.

So voll wie in den 1980er-Jahren war es später vor allem an den ausgiebig gefeierten „Schamdan“-Geburtstagen. Und das noch mit Livemusik - kaum vorstellbar im kleinen Gastraum. Screw Loose, die Partyband mit mehreren Weidenhäuser Mitgliedern und allesamt Stammgäste, nahmen schon die Hälfte des Raums ein und brachten das Wohnzimmer mit Rock- und Popnummern zum Beben. Zu einer Geburtstagsfete gab's gegenüber in der Straße eine selbst gebaute Holzbühne und die ganze Straße wurde mit beschallt. Natürlich wurde wild getanzt, es gab kuriose Gesangseinlagen von Gästen und Freunden des Hauses inkl. „Schamdan-Lied“. Und auch der Wirt nahm zuweilen die Gitarre zur Hand, während der Ouzo floss. Eigentlich wäre wohl Raki angemessen gewesen, aber das sah und sieht man nicht so eng hier. Es sind ja auch Schweineschnitzel im Angebot.

So vielfältig das Speisenangebot, so heterogen die Gäste: die Thekengäste, meist immer dieselben und meistens Männer, die Stammtischgrüppchen von den Linken und den Piraten bis hin zu Juristentreffen, Doppelkopfrunden, die älteren, „eingeborenen“ Damen, die jeden Montagabend und samstags nach der Wochenschlussandacht im Kapellchen bei St. Jost auf ein, zwei Bier zusammensitzen, die Boule-Spieler, die sich nach dem Spiel aufwärmen, zu denen auch der Wirt gehörte, die Feuerwehrleute und Familien und Studenten und noch viel mehr.

Mithat ist seit einigen Jahren nicht mehr Wirt, obwohl es ganz danach aussieht, wenn er mindestens einmal in der Woche hinter der Theke steht und den Laden schmeißt. Er kann's halt nicht lassen.

Vom Milchgeschäft zur Espressobar: „De Gass'"

Ganz früher hat man hier Lebensmittel und Milchprodukte verkauft. Er war einer der vielen Läden zur Versorgung der kleinen Vorstadt Marburgs. Man ging zu Uhligs, wenn man in Weidenhausen wohnte – kurze Wege. In den 1960er-Jahren kam Giovanni und verwandelte den Laden in ein Eiscafé, eines der ersten in Marburg, das „Café Roma". Im Nebenraum, ehemals die Gaststätte „Hannes", von der schon die Rede war, stand ein Billardtisch, an dem sich manch ein Schüler mit dem Queue versuchte, wie Bernd von der Weide zum Beispiel.

Wirt Wolfgang, in Marburg aufgewachsen, der Anfang der 1980er-Jahre gerade aus Berlin zurück und in Marburg dabei war, eine Familie zu gründen, machte seine ersten Gastronomieversuche am Rande der Oberstadt am Steinweg mit dem „Café Argus", wo es die ersten vegetarischen Leckereien der Stadt gab. Die Konzession als Café ging nur bis 22 Uhr, wenn in der Oberstadt der Betrieb erst so richtig losgeht. Außerdem war der Gastraum zu klein, sodass er bald schon auf der Suche nach größeren Räumlichkeiten war. In Weidenhausen, das in seinen Augen damals „unansehnlich, aber trotzdem schön" war, wurde er fündig. Dem „Café Roma" ging es schlecht, das Finanzamt hatte dem Pächter Giovanni gerade die Eistheke rausgerissen und mitgenommen, mitten im Ladenlokal klaffte ein tiefes Loch. Der Abstand war trotzdem für den Neugastronomen beträchtlich. So ging das Café „De Gass" in seine „junge Phase", so der Wirt, die sich als nicht besonders glücklich erwies. Die Einrichtung war eher improvisiert, Nähmaschinentische, bunt zusammengewürfeltes Mobiliar, eher Sperrmüllgemütlichkeit. Das zog auch entsprechendes Publikum an. In Weidenhausen begann damals erst allmählich die Altstadtsanierung, viele Studenten lebten günstig in unrenovierten Zimmern und Wohnungen, beengt und unkomfortabel – weit entfernt vom heutigen Standard. Der Stadtteil war ja ohnehin eine eher ärmere Gegend, traditionell das Gerberviertel. Die Weidenhäuser Straße mit immer schon vielen Gaststätten war manchen Marburgern auch ein wenig suspekt. Der Kiez zog eben auch alle Arten von „Alternativen", an. Er teilte sich in die Bürger, die morgens zur Arbeit gingen – das waren die Eingeborenen, und die neuen Bewohner, die kaum vor zwölf Uhr aufstanden, wenn die einheimischen Weidenhäuserinnen schon das Mittagessen auf den Tisch stellten – das waren die Studenten.

Viele „Freaks", auch aus dem Drogenmilieu, hatten hier ihren Lebensraum gefunden. Es war eine z. T. problematische Subkultur entstanden. Diese „unheilige Mischung", wie der damalige Wirt es heute nennt, gehörte zu Wolfgangs Kundschaft und drohte ihm das Genick zu brechen. Er hatte sich drauf eingelassen, oft blieb die Kneipe länger auf als die Sperrstunde erlaubte – und es wurde viel „angeschrieben".

Immer mehr wurde die „Gass'“ zur Trinkerkneipe, ganz anders, als es sich der Wirt vorgestellt hatte. Als die Deckel die 15.000 DM erreicht hatten, musste er schließen.

Da gab es natürlich Lokalverbote und die erste Phase der „Gass“ endete mit großem Ärger. Doch das sollte nicht das Ende sein, denn der Wirt hatte eine Vision. Ein Vierteljahr schloss die „Gass“ ihre Tür, damit der Laden komplett umgestaltet werden konnte – weg von der angeranzten Bierkneipe zur charmanten Kaffeebar mit französisch-italienischem Flair. Es tat sich einiges in diesen Jahren. Der Wirt hatte inzwischen das Haus gekauft, hatte bei Lavazza in Italien ein Röstseminar belegt und war zum soliden Kaufmann avanciert. Der Erfolg gab ihm recht, denn das war etwas Neues für Marburg und für Weidenhausen sowieso. In den besten Zeiten waren zwölf Leute angestellt, die im geordneten Zweischichtbetrieb arbeiteten – und das Publikum änderte sich mit dem neuen Konzept. Selbst gebackener Kuchen gehörte nun auch zum Angebot des Cafés.

Viele der Weidenhäuser Händler trugen das Geschäft mit. Die kleinen Betriebe vor Ort standen sich ganz und gar nicht im Weg. Das alles passierte in der Zeit der Stadtteilsanierung, als auch die Straße neugestaltet wurde – eine ewige Baustelle. Anwohner stellten Tische auf die Straße, die Kneipe diffundierte zuweilen in die Baustelle. „De Gass“ war immer bei den legendären Weidenhäuser Straßenfesten dabei, wo, so der Hessische Rundfunk, 30 000 Gäste den Weg in den Marburger Vorort fanden. Die Mitarbeiter der „Gass“ konnten sich freuen, da sie am Umsatz beteiligt wurden, und auch nach den Festen stiegen die Einnahmen um 20 Prozent, und der kleine Laden war meist brechend voll.

25 Jahre nach Eröffnung war aus dem Undergroundclub ein Stadtteiltreffpunkt geworden. Wolfgangs unmittelbare Nachfolger taten sich dagegen eher schwer mit ihren Kneipenkonzepten, hielten sich nur sehr kurz, bis die jungen Betreiber des „Gloria“ frischen Wind reinbrachten. Vor allem auf den Bänken vor der Tür der Raucherkneipe tummelten sich weiterhin treue alte und neue Gäste aus der direkten Nachbarschaft und aus dem Stadtteil, aber auch darüber hinaus. Doch auch das ist Geschichte. Es sieht zwar noch ganz ähnlich aus, wenn auch der Charme der alten „Gass“ etwas verflogen ist und ein übergroßer Bildschirm neben der Theke schwebt. Die Stammtischrunden sind treu geblieben und manch ein ehemaliger Kneipier sitzt hier mit seinen ehemaligen Gästen an der Theke des „Unique“.

Geburtstag mit Stammgästen vor der „Gass“.

Und dann noch ins „Milli Vanilli“

Schon im „Club Alpha“, dem Vorgängerladen wurden Platten aufgelegt, das machte der minderjährige Schüler Wolfgang damals allerdings heimlich. Aber als dann die große Zeit des „Milli“ kam, ging es so richtig ab. Im „Milli“ an der Lingelgasse war die Kifferszene zu Hause, aber man ging auch hin, wenn man nicht dazugehörte. Es war einfach schon damals eine Kultkneipe. Direkt am Eingang, ehe man quasi direkt auf die Tanzfläche fiel, begrüßte die Gäste Jesus mit einem dicken Joint. Die romantische Hinterglasmalerei zeigte einen langhaarigen Jesus mit leicht verklärtem Blick und geschickt hinein montiert eine dampfende Haschischzigarette. Er sah aus wie ein stylischer Typ der 1970er-Jahre.

Die Kneipe war eindeutig Disco, aber in ihren Ausmaßen, ein langer schmaler Schlauch, dafür eher nicht geeignet. Man war sofort mitten im Geschehen. Eine Art Empore umgab die Tanzfläche, die eine Stufe tiefer lag, hervorragend, um die Tänzerinnen zu beobachten. Für junge Frauen war es ein aufregender Ort, manche trampten verbotenerweise vom Dorf hierher. Da musste man einfach mal hin, auch wenn man erst 15 war. Das „Milli“ galt irgendwie als berüchtigt, was es auch war, wie manche ehemaligen Besucher berichten. Auf den einigermaßen verdreckten Klos im hinteren Teil des Ladens wurde angeblich gedealt oder man überraschte dort Pärchen in eindeutigen Positionen. Manche bekamen davon aber gar nichts mit. Man wollte ja auch Spaß haben, flirten, jemanden kennenlernen. Da schaute man über so was hinweg.

Der Wirt, der freundliche Rudi, sah aus wie Frank Zappa, trug aber auch mal Matrosenhemden und war keineswegs gefährlich, sondern kümmerte sich ganz familiär um seine vor allem jungen Gäste. Gern nahm er auch schwierige Jungs unter seine Fittiche. Auf eine junge Frau passte er auf, als wär's seine kleine Schwester, platzierte sie in einer Ecke, ließ sie dort Musik hören und schenkte ihr keinen Alkohol aus. Sie war auch die blonde langhaarige Schönheit, oft im langen reich bestickten Indienkleid, zu deren Empfang einer der DJs immer die Musik unterbrach und Claptons „Wonderful tonight“ auflegte: „Her long long hair“ hatte es ihm wohl angetan. Sie wollte aber nur laute Musik hören und tanzen, und das unbedingt allein.

Auch in Marburg: Guinness und Irish Folk bei Molly Malone's

Wo es nicht überall ein „Molly Malone's Irish Pub" gibt: Ob in Wien, Helsinki oder Schwäbisch Hall – kaum eine Stadt, wo Molly, die irische Fischersfrau aus dem traditionellen Lied der Dubliners, nicht ihren Namen für eine irgendwie irisch angehauchte Kneipe hergegeben hätte. Leider ist die Geschichte in Marburg inzwischen zu Ende gegangen. Am St. Patricks Day 2018 wurde das letzte Event gefeiert, natürlich mit Livemusik und einer brechend vollen Kneipe.

Der alte Eiskeller am Wehrdaer Weg wurde in den 1970er-Jahren stillgelegt und 1977 zur Kneipe im Gewölbe, damals noch „Stollen" genannt. Sie mauserte sich gleich zur Musikkneipe mit live Dixieland, dem „Jazzstollen". Erst 1986 wurde der Keller zum Irish Pub, wo es Guinness vom Fass, viele Whiskysorten und Folkmusik gab. Die düstere Kneipe, die auch ein bisschen abseits der Altstadt lag, wurde schnell zum beliebten Treffpunkt, nicht nur für Irish-Folk-Fans. Beim Eintritt in den tiefen Keller tat sich eine andere Welt auf: Der Alltag verschwand und man tauchte in eine kühle Grotte der guinnessseligen Gemütlichkeit ein. Straßenschilder zeigten nach Kilkenny, zur Orientierung hingen Landkarten an der Wand und unzählige emaillierte Tafeln warben für Guinness und andere irische Spezialitäten.

Da wo die Musik spielte, hinter der kleinen gezimmerten Bühne, schmückten alte Instrumente die Kellerwände – ein staubiges Akkordeon, eine Geige, umwoben von Spinnweben. Die Spinnweben waren auch in vielen anderen Ecken der verwinkelten Höhle zu finden, braun-gelb gefärbt. Der jahrzehntelange Tabakkonsum hatte seine Spuren hinterlassen, denn das „Molly Malone's" war bis zum Ende Raucherkneipe. Besonders war die freundliche Atmosphäre der Kneipe. Man fand sofort Anschluss an seine Sitznachbarn auf den Bänken, alle waren hier sehr kontaktfreudig. Auch wenn man nicht zum Stammpublikum gehörte, war man hier nie allein.

Die Musik war dabei ein wichtiger Faktor, vor allem wenn Livebands auftraten. Die Nähe zum Publikum war zwangsläufig gegeben. Und wenn's ein bisschen rockiger wurde, mutierte der schmale Raum zwischen Bühne und den rustikalen Bänken im Nu zur Tanzfläche. Bei Paddy Schmidt oder den Marburgern von Warehouse gab's kein Halten, ob beim Tanzen oder Mitsingen bzw. Grölen – ein unvergleichliches Gemeinschaftsgefühl. Für viele Bands, auch aus aller Welt, war hier ein kleines musikalisches Wohnzimmer. Auch Rea Garvey trat schon 1995 mit Band auf, um als Reamonn Jahre später auf der großen Irish-Pub-Tour wieder vorbeizuschauen. So wie der Frontmann von Men at work: unvergessliche Stunden für die Ewigkeit im zum Bersten gefüllten „Molly Malone's".

Umso unverständlicher und trauriger, dass die Kneipe nicht mehr existiert. Blieben die Gäste in den letzten Jahren aus, weil in der tiefen Höhle kein Handy-Empfang war, was andere Gäste besonders zu schätzen wussten? Oder sollte das Rauchverbot daran schuld sein oder die nicht vorhandene Terrasse?

14 Jahre waren Alfred und Gudrun Peil die Wirtsleute hier, hatten aber schon viel länger hinter derselben Theke gestanden. Irgendwann war es für sie genug, denn beide waren längst in Rente, als sie die Türen endgültig schlossen – wehmütig.

Rauchverbot bedroht kleine Kneipen

Gastwirte fordern Wahlfreiheit für Ein-Raum-Lokale · Umsatzeinbußen von mehr als 50 Prozent

Marburg. Marburger Gastwirte haben eine Initiative zur Rettung kleiner Lokale ins Leben gerufen. Sie befürchten, dass zahlreiche Kneipen wegen des Rauchverbots schließen müssen.

Fortsetzung von Seite 1

von Katrin Huttel

Auf Initiative von Gudrun Peil vom Molly Malone's (Zweite von links) sammeln Gastwirte und FDP-Mitglieder aus dem Landkreis Unterschriften zur Rettung der kleinen Kneipen.

Foto: Katrin Hu

Einige Kneipen im Landkreis haben bereits geschlossen, andere werden am 31. Dezember zum letzten Mal ihre Türen öffnen. So auch die beiden Bistros „Hai-Light" in Marburg und Biedenkopf. Als Hauptgrund für die Schließungen wird das seit dem 1. Oktober geltende Rauchverbot in der hessischen Gastronomie genannt.

„In vielen Fällen gibt das Rauchverbot den letzten Stoß und die Schließung ist nicht mehr zu vermeiden", sagt Gudrun Peil vom Marburger Molly Malone's. Sie hat die Initiative „Rettet die kleinen Kneipen in hessischen Straßen" ins Leben gerufen und sammelt Unterschriften, um eine Petition im Hessischen Landtag einzureichen. Etwa 4 000 Personen unterstützen bisher die Initiative, die fordert, dass Inhaber von Einraum-Gastronomiebetrieben selbst entscheiden können sollen, ob sie ein Raucher- oder Nichtraucherlokal einrichten wollen.

Insbesondere die Ein-Raum-Gaststätten, die keine Möglichkeit haben, einen Raucherraum einzurichten, litten unter dem Rauchverbot. Weniger betroffen seien hingegen die größeren Gastronomiebetriebe. Das bestätigt Gerhard Boucsein, Vorsitzender des Hotel- und Gaststättenverbands Nord- und Osthessen: „Bei Restaurants ist die Akzeptanz der Kunden stärker, das Rauchverbot zu akzeptieren, im Gegensatz zu den kleinen Lokalen mit reinem Bierausschank."

Die Industrie- und Handelskammer (IHK) Kassel hat 1400 Gastronomiebetreiber der Region befragt und festgestellt, dass das Nichtraucherschutzgesetz zu „massiven Umsatzeinbußen" geführt habe und die Existenz vieler Betriebe bedrohe. 25 Prozent der Befragten gaben an, seit der Einführung des Gesetzes Umsatzeinbußen erlitten zu haben, bei 15 Prozent der Befragten war es sogar ein Minus von mehr als 50 Prozent.

Auch traditionelle Marburger Kneipen wie das Molly Malone's oder das Café Barfuß werden davon nicht verschont. Beide beklagen Einbußen von 30 Prozent. „Das ist das erste Mal in 29 Jahren", sagt Wolfgang Richter, Inhaber des Café Barfuß. Die Folge sei, dass aufgrund des geringeren Publikums die Schichten neu eingeteilt und Mitarbeiter entlassen werden. „Wenn sich die Zahlen so fortsetzen, muss ich den Laden dicht machen", sagt Richter.

Auch einige Kneipen in Biedenkopf stehen vor der Schließung. Das Problem verschärft sich dort, da viele ehemalige Kunden nun ihr Feierabendbier im nur wenige Kilometer entfernten Nordrhein-Westfalen trinken, wo das Rauchen in Gaststätten weiterhin erlaubt ist. „Die kleinen Betriebe hier haben keine Chance, sich anzupassen", sagt Bodo Koenemann, stellvertretender Vorsitzender des Hotel- und Gaststättenverbands Biedenkopf. Er hält das Rauchverbot prinzipiell für richtig. Es müsse aber eine Wahlfreiheit für Ein-Raum-Kneipen geben. „Wir brauchen diese Kultur", sagt Koenemann.

Der Marburger SPD-Landtagsabgeordnete Dr. Thomas Spies, der sich sehr stark für das Nichtraucherschutzgesetz eingesetzt hat, hält nichts von Ausnahmeregeln für Ein-Raum-Kneipen. Vielmehr findet er es selbstverständlich, dass dort, wo sich jemand gestört fühlt, nicht geraucht wird. Da das jedoch nicht von selbst funktioniere, müsse der Gesetzgeber eingreifen. Zu glaubt Spies nicht daran, d es zu Schließungen wegen Rauchverbots kommen w Vielmehr handele es sich un ne vorhergesehene aber übergehende Umsatzd „Die Erfahrung in anderen dern hat gezeigt, dass sich vorübergehenden Umsatz bußen nach einem Jahr n als ausgeglichen haben."

Die heimischen Gastw verweisen unterdessen dar dass das Rauchverbot in S en in Kneipen bis 100 Qua meter inzwischen wi zurückgenommen worden und in Irland vermehrt schlossene Gesellschafte Lokalen stattfinden, da i land das Rauchen bei di Anlässen erlaubt sei.

Kneipenwirte und das Rauchverbot – eine OP-Artikel von 2007.

Schlusswort

Und dann gab's da noch „Kogge", „Quod", „Karzer", „Blues", „Pegasus", „Sorbonne", „Café Local", „Knubbel", „Clou", „Holzwurm" und „Bremsspur". Zum Tanzen ging man ins „Charlys", „Scotch", „Tangente" und „Tiffany". Über viele Kneipen wären noch viele Geschichten zu erzählen und an Menschen zu erinnern. Über manche Kneipen könnten und sollten vielleicht ganze Bücher geschrieben werden, über *„Destille" und „Cavete" und „Slot" bestimmt!*

Weitere Bücher über Ihre Region

Dieter Mayer-Gürr/Susanna Kolbe
Universitätsstadt Marburg
Farbbildband
deutsch/english/français
72 S., Hardcover, Farbfotos
ISBN 978-3-8313-3131-4

Annerose Sieck
Mittelhessen – 1000 Freizeittipps
208 S., Klappenbroschur, zahlr. Farbfotos
ISBN 978-3-8313-2899-4

Susanna Kolbe
Weihnachten im Marburger Land
80 S., Hardcover, S/w-Fotos
ISBN 978-3-8313-3001-0

Susanna Kolbe
Dunkle Geschichten aus Marburg
schön & schaurig
80 S., Hardcover, S/w-Fotos
ISBN 978-3-8313-3262-5

Wartberg-Verlag GmbH
Im Wiesental 1 | 34281 Gudensberg
www.wartberg-verlag.de

Bücher für Deutschlands Städte und Regionen
Tel. 0 56 03-93 05 0
Fax 0 56 03-93 05 28